O INCONSCIENTE FEMININO

EPÍGRAFE

O oculto só vem à luz quando o interessado em conhecê-lo usa seu "estetoscópio" a fim de escutar o silencio do sofrer.

Autor desconhecido.

1- INTRODUÇÃO

Em 1905, quando Freud escreveu os "Três Ensaios sobre a teoria da sexualidade", declarou, abertamente, sua preocupação em tentar compreender, dentre os objetivos específicos desse material, a origem e o desdobramento do funcionamento psíquico dos seres humanos, nas vestes cronológicas da infância remota. Mesmo já se referido, em escritos anteriores sobre o desenvolvimento descritivo e funcional do aparelho psíquico, foi, nessa obra, o momento no qual ele assumiu as limitações acerca de sua pequena compreensão sobre o feminino e, ainda que tenha discorrido sobre essa temática, debruçou-se, preponderantemente, sobre as nuances da sexualidade masculina e suas vicissitudes na vida adulta (FREUD, 1905a/1996).

Neste manuscrito, delineou, por um lado, um novo patamar dentro do campo psicanalítico, abrindo as portas para um pensar mais condizente com seus futuros escritos (MEZAN, 1987), mas, por outro, desenhou uma inocente e não reconhecida problemática, que o acompanharia até o momento de sua morte: a de se conhecer, em profundidade, os meandros do inconsciente feminino. A dificuldade foi tamanha que, em 1924, afirmou, sem ressalvas, o quanto ainda caminhava tácita e vagarosamente em direção a uma explanação mais consistente e precisa e, também, como estava longe de alcançá-la (FREUD, 1924/1996). Ademais, modificou, ao longo de seus trabalhos, cinco vezes os Três Ensaios (MEZAN, 1987), mantendo, praticamente inalterada, a distância entre o que sabia e o que soube sobre a perfídia da mulher.

Em suma, não conseguiu esgotar e, tampouco, se aproximar daquilo que, contemporaneamente, se diz sobre ele e sua obra, isto é, a de que "Freud tudo explica", quando se trata desse assunto. Essa afirmação ganha relevância quando se levanta a quantidade de trabalhos publicados pelo próprio autor, em toda sua extensão. Das bem mais de 11.700 laudas e de consideráveis objetos de estudo, impressas, por exemplo, pela Imago, apenas quatro trabalhos foram, exclusivamente, destinados a essa perspectiva. Ernest Jones, em nota técnica sobre "A Dissolução do complexo de Édipo" (FREUD, 1924/1996), destaca que o pai da Psicanálise não conseguira encontrar, pessoal e satisfatoriamente, modos de se trabalhar, na teoria, essa problemática. Ela, por sua vez, foi tida por ele como um "ponto cujo nó não foi desatado" (grifo meu). Além do trabalho ora mencionado, os restantes foram publicados em 1925 (Algumas consequências psíquicas sobre as diferenças anatômicas entre os sexos), em 1931 (Sexualidade Feminina) e em 1932 (Conferencia XXXIII – Feminilidade). Entretanto, outros materiais, com interesses diferentes e cujo propósito não foi o de tratar, somente, da psiquê feminina, mas, ainda assim, fizeram alusivas menções sobre ela, podem ser vistos em "Histeria" (1888/1996), "Estudos sobre histeria" (1895/1996), "Fragmento da análise de um caso de histeria" (1905b/1996), "Leonardo da Vinci e uma lembrança de sua infância" (1910/1996), "Grande é Diana dos Efésios" (1911/1996), "O tabu da virgindade" (1918/1996), "A psicogênese de um caso de homossexualismo na mulher" (1920a/1974) e "Organização genital infantil" (1923/1996), dentre outros. Essa limitação teórica foi, posteriormente, suplementada por outros autores pós-freudianos, a saber, Lacan (1958/1998) em "Juventude de Gide ou a letra e o desejo" e, posteriormente, por Mitchell (1988), em "Psicanálise da sexualidade feminina", por McDougall (1986), em "Os componentes homossexuais da sexualidade feminina" e em "A mulher analista e a mulher analisanda" (1986), por Mannoni (1999), em "Elas não sabem o que dizem" e por Roudinesco (2003), em "A família em desordem". Além desses, outros autores também escreveram, recentemente, sobre a personalidade da mulher. Entretanto, nada que conferisse à Psicanálise o título de "campo do conhecimento sobre a psicologia do feminino". Além do mais, autores clássicos, como Melanie Klein, Winnicott e Bion, por exemplo, não se ocuparam, em profundidade, sobre o assunto em questão. Os únicos trabalhos mais expressivos dentre esses autores foram os publicados por Klein, nomeadamente os "Estagios iniciais do conflito edipiano" (1928/1997), "Os efeitos das situações de ansiedade arcaicas sobre o desenvolvimento sexual da menina" (1932/1997), "O complexo de Édipo à luz das ansiedades arcaicas" (1945/1997) e "Inveja e Gratidão" (1964/1997).

Por outro lado, sabe-se, no entanto, que a Filosofia, antecessora à Psicanálise, foi e é a área do saber que possui maior quantidade de material considerável e que, também, ocupou-se em ser uma das primeiras a explanar sobre a funcionalidade mental e emocional dos seres humanos e, alusivamente, para o propósito de sua menção aqui, da mulher. Nela, encontram-se escritos desenvolvidos por Alberoni (1986), Shopenhauer (2004), Alita (2005a; 2005b, 2005c; 2008a; 2008b; 2009) e muitos outros que não caberiam nesta introdução. Além desses dois campos do conhecimento, também se reconhece vasto material na própria Bíblia, como, por exemplo, em Eclesiastes (7:26), em Gênesis (2:21-23), em Provérbios (11:16; 12:4; 14:1; 19:14; 21:19; 31:30), em Pedro (3:1), em Timóteo (3:11), em Reis (11: 1-13) e outros mais. Contudo, o propósito deste trabalho não foi o de se apoiar nos manuscritos religiosos pelo fato deles não trazerem subsídios teóricos para a prática do clínico. Servem, duplamente, para seu destaque enquanto fonte adicional de conhecimento e menção de um campo que trata do tema.

Retomando a Psicologia, temos, então, um cenário heurístico complicado, já que, desde Freud, não se encontra material aprofundado e atualizado. Ainda que alguns estudos tenham sido apresentados, todos tratam parcialmente da personalidade. Como, portanto, ter conhecimento satisfatório sobre o tema quando se procura pensar, de maneira psicanalítica, na clínica do feminino? Como obter ferramentas que permitam uma intervenção que facilite, com acurácia, captar o atual espectro simbólico de sua estrutura e funcionamento?

Foi pensando exatamente em como responder essas questões que o presente livro se debruçou. Não digo que tal tarefa tenha sido fácil, uma vez que o próprio pai da Psicanálise encontrou significativa dificuldade para tratar do assunto. Contudo, como vivemos, atualmente, em um cenário onde tudo é manifesto de maneira mais explícita e, como a liberdade sexual da mulher, bem como seu papel na sociedade ocidental, o é substancialmente diferente daquele vivido na época de Freud, foi possível, a partir de atendimentos clínicos, ensaiar um esboço teórico/prático acerca de um tópico que fora, décadas antes, praticamente inviável por conta da pressão social. Afinal, no passado, a liberdade e libertinagem eram aceitas somente se o homem as possuísse, e não seu gênero correlato. Isso mostra o quanto a contemporaneidade abriu fendas que tornaram possível o acesso a estados internos, antes atingidos, somente pela especulação, sobre a composição da psique e sexualidade feminina.

Além desses apontamentos, há de se considerar, também, outro aspecto. Desde o surgimento da Psicanálise, até os dias de hoje, muitas vertentes foram desenvolvidas, como se pode observar no segundo parágrafo dessa Introdução. Algumas foram derivadas das noções do próprio Freud. Outras, no entanto, apresentaram pressuposições e postulados originais distintos das primeiras. Tal ampliação conferiu a este campo do conhecimento um lugar epistemológico multi-personalizado. Acredito que o correto seria chamá-lo, quando se fala dele, de maneira geral, de Psicanálises, ao invés de mantê-lo no singular. Isso porque o saber e o fazer psicanalítico possuem muitas ramificações, seja em termos de linhas de raciocínio, seja em termos de espaços geográficos.

Explicar o tema central desta obra, a partir de todas essas divisões e sub-divisões seria, além de muito dispendioso, algo cujo produto final se revelaria caótico, imenso e desorganizado. Condensar "outras psicanálises" resultaria, na verdade, em um numero grande de autores que pensam diferente sobre o inconsciente. Por conta dessas justificativas, bem como pelo motivo de eu ter pensado clinicamente sobre a mulher a partir da abordagem freudiana, decidi focar, somente, nos materiais teóricos derivados dela.

Para organizar o conteúdo e facilitar a pesquisa do leitor, o presente trabalho foi separado por partes. No primeiro capítulo, são apresentadas as ideias iniciais da Psicanálise sobre o inconsciente e descritas, prioritariamente, as desenvolvidas por Freud. Procurou-se destacar as principais concepções do mesmo sobre esse sistema e o dinamismo característico entre ele, o pré-consciente e o consciente. No segundo capítulo descrevi e a psiquê feminina na visão do próprio Freud, considerando, somente, os artigos voltados especificamente a este fim. No terceiro foram destacadas as principais especulações desenvolvidas, por mim, sobre as modalidades de expressão (disfarçadas) do inconsciente feminino no contemporâneo, sendo este, portanto, o ponto principal dessa obra. No quarto são apresentados alguns recortes de atendimentos clínicos, todos relacionados com as concepções explanadas nos capítulos anteriores. Ao todo, três casos foram descritos, guardados o devido sigilo. Amiúde, quero deixar claro que este trabalho se derivou de um estudo longitudinal, cuja duração foi de, aproximadamente, oito anos. Entretanto, juntar todos os atendimentos num único livro deixaria a obra muito extensa e, por isso, escolhi alguns que pudessem permitir ao leitor entender facilmente minhas descrições. No quinto e último capítulo são destacadas as principais considerações acerca do inconsciente feminino, cuja distância vivida por Freud, no tocante à apreensão do funcionamento mental da mulher, revela-se, destarte, de maneira diminuída.

Por fim, quero deixar claro, por um único motivo, o fato de eu ter utilizado a edição de 1996 da Imago Editora. Ante aos críticos de plantão, justifico ser esta a coleção particular que possuo em meu acervo. Embora existam edições mais atuais, traduzidas, diretamente, do alemão para o português, no fim das contas, o conteúdo do qual trato aqui não sofreu alterações substanciais de conteúdo quando se considera a tradução do inglês para o nosso vernáculo. Digo isso porque já li as passagens que me interessaram na edição mais atual. Além do mais, não compraria uma obra inteira somente para escrever um livro.

A todos (as), uma boa leitura.

2 - O INCONSCIENTE EM FREUD

A fim de apresentar o tema de maneira compreensível, acredito ser viável introduzir o leitor a uma breve descrição do que é o inconsciente. Entretanto, explica-lo para os mais familiarizados com a Psicanálise é, sinceramente, uma tarefa obsoleta e enfadonha. Mesmo assim, pensando no iniciante e no aluno de Psicologia, julgo explanar, ainda que superfluamente, o conceito em questão.

2.1 ORIGEM DO TERMO

Embora a palavra não tenha sido criada por Freud, sua amplitude, profundidade e definição foram, indubitavelmente, desenvolvidas por ele. Ela deriva-se do latim "incoscius" e designa, basicamente, um sentido. Fora utilizado por relativa quantidade de filósofos e refere-se aos estados mentais não deliberados, sendo, portanto, mecanismos autômatos do funcionamento consciente. Seriam de outra forma processos de consciência que não precisam da própria consciência para se estabelecer. Na etimologia do significado ligado aos escritos psicanalíticos, têm-se o desdobramento em duas partes: um descritivo e outro funcional. Ernest Jones já havia acusado, em suas notas técnicas, a falta de preocupação de Freud em apontar quais deles utilizava quando mencionava o termo.

No que tange ao sentido descritivo, o inconsciente é caracterizado como uma estrutura, com forma e núcleo específicos. Já o referente ao funcional, têm-se as leis que regem sua existência e a maneira pela qual ele interage com os outros dois sistemas, a saber, o pré-consciente e o consciente. Em termos metafóricos: analogamente a um prédio, os pilares, tipo de cimento e andares seriam os representativos do sentido descritivo, enquanto que, os horários de silêncio, de jogar o lixo, de brincar na quadra e ir à piscina, bem como outras normas, atribuídos ao sentido funcional.

A primeira vez que Freud utilizou o termo em sua obra foi em um artigo denominado "Comunicação Preliminar" (FREUD, 1893/1996). Nele, a influência médica predominava em seus escritos e, seu significado, revelava uma classe de neurónios cujo objetivo era o de armazenar conteúdos que forçavam, patologicamente, sua descarga. Sua desconfiança voltava-se à existência de um sistema responsável por alocar todo substantivo que se materializava, quando, no ato do despojo, em sintoma histérico. Foi, no entanto, em 1900, quando escreveu a Interpretação dos sonhos (FREUD, 1900/1974), que a etiologia da palavra se modificou. Mais especificamente no capítulo sete, denominado "Psicologia dos processos oníricos" (embora se observe explicações em outras partes do material), em que ele caracterizou, minuciosamente, o termo em questão.

O inconsciente, então, passou a ser considerado como o lugar onde os conteúdos ameaçadores à existência do sujeito ficam alocados. Aqueles que, de outra maneira, não o desorganizam, ficam no pré-consciente. Qualquer elemento que queira atingir "a luz do dia", isto é, a consciência, depende da autorização da repressão, dentre outras coisas, para lograr êxito. No caso daqueles que se encontram no inconsciente, a única via de acesso seria por meio do disfarce (que será explicado posteriormente), sendo, o sintoma, tratado como um dele. Já os alocados no pré-consciente, precisariam, somente, de um encadeamento de pensamentos relacionados ao seu conteúdo ou, também, de eventos externos que oportunizassem sua expressão. Nesse último caso, tem-se, como exemplo, a lembrança de uma fruta que foi degustada na infância. Suponha-se que a pessoa está em uma barraca de feira e, por isso, recorda-se da ocasião, ou, outra, que estava dirigindo e percebeu que precisaria passar ao mercado para comprar alimentos para a ceia e, nesse instante, evoca a memória ligada à circunstância. Enquanto que, no primeiro caso, temos o acesso do conteúdo manifesto por uma situação externa, no segundo, a expressão se deu por conta dos processos psíquicos de pensamento.

Entretanto, mesmo nestas realizações, Freud comenta que a lembrança em si também promove a manifestação do conteúdo que estava no inconsciente. Afinal, por qual motivo apareceria à consciência a deglutição de um morango e não a de uma maçã? A influência tem, portanto, motivos oriundos das profundezas da psiquê, que encontra, por sua vez, uma maneira disfarçada de se expressar, na primeira oportunidade que encontra.

De todo este trabalho autômato, o aparelho psíquico é o grande responsável, não a consciência em si (por isso a máxima de Freud quando comenta que "o homem não é o senhor de sua própria casa"). O interessante desse processo assenta-se no fato de que tal funcionamento acontece o tempo todo, 24 horas por dia, até mesmo durante o sono e até o fim da existência do sujeito. Similarmente ao coração, que não para de bater, está o inconsciente procurando brechas para atravessar as resistências e chegar à consciência.

Essa consideração acerca do funcionamento do aparelho psíquico passa a ser estendida, também, para a vida de vigília, momento em que Freud escreve "Sobre a Psicopatologia da vida cotidiana (1901/1974). Nessa obra, comenta que os lapsos de linguagem, tais como os esquecimentos de palavras, os trocadilhos e neologismos, mudanças de nomes e aglutinação de termos, dentre outros, estão a favor de uma expressão disfarçada dos conteúdos reprimidos (entenda-se conteúdos inconscientes).

2.2 RELAÇÕES COM OS SISTEMAS PRÉ-CONSCIENTE E CONSCIENTE

Voltando à Interpretação dos sonhos, cada experiência, percepção, pensamento, desejo, imaginação ou vivência do sujeito, se detectada pelo polo perceptivo/consciência, passa a ser registrado, então, pelo aparelho psíquico, alocando-se num dos sistemas mnêmicos (memória) ligados ou ao inconsciente, ou ao pré-consciente. Caso não gerem mal-estar e desarmonia ao ego, ficarão armazenados neste último e, em caso positivo, no primeiro. Ocorre que todo conteúdo inscrito nestes sistemas leva consigo tanto a imagem (aquilo que Freud chamou de representação) quanto à sensação (denominado por ele de afeto). Nesse sentido, todo elemento que faz parte da constelação mental do sujeito é constituído por uma representação e por um afeto. Se relembrarmos o exemplo da fruta, seria possível dizer que tanto a imagem dela, com suas propriedades, cores e textura (representação) quanto o sabor, a amargura ou doçura da mesma, considerando-se seu efeito e sensação, isto é, se horrível, saborosa ou indiferente (afeto) representaria a explicação da fórmula C=+R+A (conteúdo constituído por representação mais afeto). Vale destacar que a imagem nem sempre é visual, podendo ser auditiva, sensorial, etc.

No inconsciente, uma das regras é a de que cada conteúdo armazenado (lembre-se: conteúdo = experiência, percepção, pensamento, desejo, etc.) leva tanto a imagem quanto a sensação para seu lugar de destino, ou seja, se inscreve como representação e afeto juntos. Se tratarmos cada um como uma unidade, poderíamos dizer que suas propriedades são Representação e Afeto, destarte.

No capítulo sete da obra referida (A interpretação dos sonhos), Freud apresenta dois mecanismos que regem a formação dos processos oníricos e, também, do funcionamento mental (inclusive no estado de vigília, como apontado em 1901 na obra Sobre a psicopatologia da vida cotidiana): condensação e deslocamento (FREUD, 1900/1974). Na condensação, conteúdos ou parte deles são fusionados com outros conteúdos e/ou partes de conteúdos. No deslocamento, como o próprio nome diz, os conteúdos e/ou suas partes transitam de um ponto para outro. Essa liberdade de movimento, no interior do inconsciente, resume e representa o que o autor explicou sobre energia livre, ausência de temporalidade e negação. Na verdade, o inconsciente pode ser entendido como um lugar onde o amor e o ódio não se repudiam, não deixam de existir e não se anulam. Ludicamente, se substituíssemos cada conteúdo por palmeirenses e corintianos, seria possível afirmar que eles não se digladiariam. Se há o registro de duas coisas incompatíveis entre si, como a inscrição do desejo por alguém em alguma época da vida e, também, o repúdio por ela, em outra, ambos conseguiriam viver tranquilamente entre si. Além do mais, nunca deixariam de existir. Atemporalidade, ausência de negação e antagonismo de elementos como características do inconsciente. Isso porque a lógica e o bom senso, tal qual estamos acostumados, fazem parte de outro sistema que não o primeiro.

Ainda sobre os processos de condensação e deslocamento. Imaginemos um banheiro, um lavabo e um tanque de lavar roupas em partes diferentes de uma residência, cada um com um sabonete cuja cor e marca são diferentes. Todos, sem exceção, estão desgastados, pertos do fim e não há mais nenhum na dispensa. O sujeito resolve, então, pegar os três e leva-lo para um segundo banheiro, talvez para a hidromassagem. Lá, junta os três em um só, fazendo aquela "bola de sabonetes". Eis um exemplo dos processos citados. Todos foram levados de um lugar para o outro (deslocamento) e misturados em um só (condensação). Agora pense em uma coisa. Qual a verdadeira marca e cor do sabonete que ele está usando?

Esse exemplo mostra como o disfarce do inconsciente, apontado no início do presente capítulo, é feito. Não se sabe, com precisão, qual conteúdo se manifesta. Não se reconhece o essencial. Assim como é difícil reconhecer a marca e cor genuínas do sabonete.

O leitor poderia, nessa altura, se fundamentar em fatos para tentar refutar as ideias aqui apresentadas. Talvez pensasse: "oras, fui sequestrado certo dia, e odeio me lembrar do episódio em si". De acordo com esses princípios, como a pessoa conseguiria se recordar dele? Como se lembrar de algo desagradável, incomodo e que, ainda por cima, mudaria, no momento, o ânimo?

Como dito anteriormente, os conteúdos alocados no inconsciente podem se remodelar pela égide do disfarce. Só assim conseguem chegar à consciência. Nesse sentido, partes da representação podem se deslocar e se condensar em outras representações ou conteúdos. Tomando como base a questão do sequestro e levando-se em conta a fórmula R+A, chegaríamos à seguinte consideração. A pessoa, no momento em que foi levada, sentiu um enorme desespero (experiência registrada pelo aparelho psíquico). Passados dois meses, ou dois anos, comenta com alguém que viveu tal tragédia. Em uma situação típica, a narrativa dessa experiência não geraria o desconforto ou sensação (afeto) originária. A lembrança (imagem, representação), seria recordada, mas o desgaste emocional guardaria suas proporções. O afeto, portanto, seria bloqueado pela resistência, sendo permitida à lembrança, somente, seu alcance ao consciente. O sujeito, dessa forma, conseguiria falar sobre a situação sem reviver, da mesma maneira, as sensações que foram experimentadas no momento do sequestro. Por outro lado, nas situações de maior desgaste, tanto R quanto A não conseguem chegar à consciência (como o Complexo de Édipo), a não ser por meio dos mecanismos de condensação e deslocamento, que caracterizam a "formação de compromisso", isto é, o disfarce. É em função disso que muitas pessoas não se recordam de algumas experiências da infância ou da adolescência, mas possuem facilidade em evocar outras, da mesma época, sem reviver as sensações (afetos) características das mesmas. Entretanto, caso a imagem seja reprimida e os afetos consigam, insistentemente, perpassar as resistências e atingir à "luz do dia", o efeito que isso trás é o da ansiedade, apontado por Freud em "Inibições, sintomas e ansiedade" (1926/1974).

Ademais, os processos de disfarce não acontecem, somente, no interior do inconsciente. Quando um conteúdo atinge o sistema pré-consciente, este também é carimbado pelos elementos que lá se encontram, sejam eles fornecidos pelos processos de deslocamento ou condensação. Aliás, aquele afeto que circula livremente no inconsciente, no pré-consciente recebe um nome, um sentido, uma nova roupagem, dada a organização existente neste sistema (energia vinculada). O conteúdo que chega à consciência é, portanto, disfarçado mais do que uma vez.

Lembremos o exemplo da fruta e caracterizemo-lo melhor. Imaginemos a seguinte situação. Uma pessoa qualquer, denominada Maria, com 22 anos, perdeu a mãe cerca de dez anos antes. Sofreu bastante com a morte dela. A genitora, cujo apelido era Naná, por sua vez, foi uma pessoa muito amada por Maria, e era extremamente carinhosa e afetiva. Essa mãe costumava usar, para dormir, uma camiseta vermelha com pingos verdes na estampa. Era praticamente seu pijama. A pessoa em questão, em algum momento da vida, percebeu que a vestimenta de sua mãe era muito parecida com um morango (registro da percepção no aparelho psíquico). Um belo dia, já adulta, passou em frente a uma barraca de morangos. Naquele momento, lembrou-se, sem saber o motivo, que estava devendo uma visita à sua amiga, Nádia, que também adorava frutas e costumava dormir, quando pequena, na casa de Maria, nas noites do "pijama". Maria, imediatamente, sentiu-se desconfortável e culpada por estar devendo tal visita, além de reconhecer a saudade de sua conhecida, Nádia, na ocasião em que percebeu a barraca de frutaria (visto ter sido esse o cenário desencadeante do conteúdo alocado no inconsciente).

O processo psíquico, à luz de toda explanação feita até então, seria explicado da seguinte maneira. Maria, para suportar a experiência da morte de sua genitora, manteve, no inconsciente, todo afeto desagradável que a fazia sofrer quando se lembrava de sua mãe. Conseguia recordar a ausência de Naná, mas, como se passaram dez anos, não sofria como na ocasião do falecimento (por conta da repressão). Essa inscrição (a perda, o sofrimento), alocada no inconsciente, encontrou uma oportunidade para se manifestar. Como Maria percebeu os morangos na barraca (polo perceptivo, consciente), seu aparelho psíquico entendeu que aquela situação poderia ser uma oportunidade para os conteúdos camiseta = morango (que simbolizava a mãe e sua falta), se expressarem, por meio da ótica do disfarce, em decorrência da sensação de estar sentindo falta de Nádia. O elemento morango e a palavra Nádia (alocados no pré-consciente), permitiram com que os conteúdos inconscientes, que representavam a mãe (Naná, morango/camiseta) se deslocassem e se condensassem com os dispostos no pré-consciente (Nádia, morangos/feira, noites do pijama). O efeito do aparelho foi traduzir Naná = Nádia (pela semelhança da fonética), camiseta = pijama (pela identidade dos objetos) e fruta como sendo o estopim de todo o processo.

Dessa forma, o inconsciente encontrou sua fissura, o pré-consciente forneceu nova roupagem e o consciente recebeu o conteúdo disfarçado. Todo o processo, portanto, revelou como se efetiva a formação de compromisso.

Essa pequena explicação, além de não dar conta de explanar o que Freud apresentou na Interpretação dos sonhos (1900/1974), tampouco resume, em toda sua dimensão, o que é a Psicanálise. Entretanto, acredito que o leitor, menos acostumado com o campo psicanalítico consiga, a partir disso, acompanhar as descrições que seguem, considerando o inconsciente como pedra angular deste livro.

3 - OS ENSAIOS DE FREUD SOBRE O INCONSCIENTE FEMININO

3.1 O TRABALHO DE 1924

O primeiro trabalho em que Freud se dedicou a tratar da psique feminina, sem intenções de explicar quadros psicopatológicos, foi o apresentado em 1924, intitulado "A Dissolução do complexo de Édipo" (FREUD, 1924/1996). Nele, os primeiros esboços, sobrepostos aos escritos antes de 1923, se vinculavam aos conceitos metapsicológicos e à recente noção, para a época, do que significava o ego e o id. Ali, mencionou sua percepção em relação aos desdobramentos das experiências infantis, determinadas pelo que considerou ser fundamental na vida dos seres humanos, a saber, o Complexo de Édipo, apresentada, por sua vez, na Interpretação dos sonhos (FREUD, 1900/1996). Destacou as diferenças entre meninos e meninas, no que tange a vivencia do referido complexo, sobre a maneira com a qual ambos superam, parcialmente, essa situação traumática, bem como quais resquícios permanecem assombrando e influenciando a vida na fase adulta. No entanto, seu texto não é extenso e trata, em partes, da experiência ligada ao fenômeno em si de maneira inicialmente generalizada. Ademais, não descreve, em profundidade, a vida mental da menina. Pode-se dizer, ainda assim, que essas considerações, mesmo que inseguras, foram bastante precisas sobre o desenvolvimento do gênero feminino e, concomitantemente, umas das menos desenvolvidas por ele. Vale à pena destacar, também, o fato de existir, em alguns trechos em que apresento as ideias freudianas, concepções desenvolvidas, por mim, a partir da experiência clínica. Algumas visam alicerçar os achados de Freud e, outras, a contrapor algumas noções.

Na página 197 da primeira obra sobre o assunto, Freud destaca o seguinte:

...Também o sexo feminino desenvolve um Complexo de Édipo, um superego e um período de latência. Será que também podemos atribuir-lhe uma organização fálica e um complexo de castração? A resposta é afirmativa, mas essas coisas não podem ser as mesmas como são nos meninos. Aqui a exigência feminina de direitos iguais para os sexos não leva muito longe, pois a distinção morfológica está fadada a encontrar expressão em diferenças de desenvolvimento psíquico. A anatomia é o destino, para variar um dito de Napoleão. O clitóris na menina inicialmente comporta-se exatamente como um pênis, porém quando ela efetua uma comparação com um companheiro de brinquedos do outro sexo, percebe que "se saiu mal" e sente isso como uma injustiça feita a ela e como fundamento para inferioridade. Por algum tempo ainda, consola-se com a expectativa de que mais tarde, quando ficar mais velha, adquirirá um apêndice tão grande quanto o do menino. Aqui, o complexo de masculinidade das mulheres se ramifica. Uma criança do sexo feminino, contudo, não entende sua falta de pênis como sendo um caráter sexual; explica-a presumindo que, em alguma época anterior, possuíra um órgão igualmente grande e depois perdera-o por castração. Ela parece não estender essa inferência de si própria para outras mulheres adultas, e sim, inteiramente segundo as linhas da fase fálica, encará-las como possuindo grandes e complexos órgãos genitais – isto é, masculinos. Dá-se assim a diferença essencial de que a menina aceita a castração como um fato consumado, ao passo que o menino teme a possibilidade de sua ocorrência (FREUD, 1924/1996).

Vale destacar a natureza condensada das ideias de Freud sobre a organização e o desfecho edípico da menina nesse trecho. Assim como no sonho de Irma, apresentado na Interpretação dos sonhos, muita coisa, se fragmentada frase por frase, poderia explicar uma série de comportamentos dos quais, hoje, conseguiriam ser elucidados com maior nitidez. Na vinheta em questão, muita informação fora desmembrada na explanação posterior ao sonho, fato que não se materializou nessa parte de sua obra. Aliás, bastante conteúdo apresentado pelo autor não recebeu o devido fragmento, o que, a meu ver, tornou a concepção desse grande mestre como sendo parcialmente incompreendida e, consequentemente, alvo de críticas.

Na página seguinte, Freud continua sua apresentação teórica:

> Estando assim excluído, na menina, o temor da castração, cai também um motivo poderoso para o estabelecimento de um superego e para a interrupção da organização genital infantil. Nela, muito mais que no menino, essas mudanças parecem ser resultado da criação e de intimidade oriunda do exterior, as quais a ameaçam com uma perda de amor. O complexo de Édipo na menina é muito mais simples que o do pequeno portador do pênis; em minha experiência, raramente ele vai além de assumir o lugar da mãe e adotar uma atitude feminina para com o pai. A renúncia ao pênis não é tolerada pela menina sem alguma tentativa de compensação. Ela desliza – ao longo da linha de uma equação simbólica, poder-se-ia dizer – do pênis para um bebê. Seu complexo de Édipo culmina em um desejo, mantido por muito tempo, de receber do pai um bebê como presente – dar-lhe um filho. Tem-se a impressão de que o complexo de Édipo é então gradativamente abandonado de vez que esse desejo jamais se realiza. Os dois desejos – possuir um pênis e um filho – permanecem fortemente catexizados no inconsciente e ajudam a preparar a criatura do sexo feminino para seu papel posterior. A intensidade comparativamente menor da contribuição sádica ao seu instinto sexual, que fora de dúvida podemos vincular ao crescimento retardado de seu pênis, torna-se mais fácil, no caso dela, transformar as tendências sexuais diretas em tendências inibidas quanto ao objetivo, de tipo afetuoso. Deve-se admitir, contudo, que nossa compreensão interna (*insight*) desses processos de desenvolvimento em meninas em geral é insatisfatório, incompleto e vago (FREUD, 1924/1996, p. 198).

Esse parágrafo denuncia, com exatidão, o que hoje se observa no comportamento da mulher adulta. Boa parte teme ser rejeitada, deixada de lado, ser preterida na relação amorosa ou social. Esse pavor que assola, inconscientemente, uma grande parcela de moças e outras mais velhas, reside, precisamente, na experiência apontada no trecho em questão. De outro modo, a ameaça ligada à perda da estima da melhor amiga, da mãe, do pai, do esposo, do namorado, do amante, dentre outros, é algo muito recorrente na clínica. Entre os dois gêneros, o receio em não ser mais amado (a) por alguém se torna muito mais assombroso entre o feminino do que no correlato. Isso porque o homem tem a percepção inconsciente, desde a infância, de que ele é o beneficiado biologicamente (fato que trás consequências graves para o gênero masculino na fase adulta. Contudo, por uma questão de foco, não me ocuparei com isso nesta obra). Como, no entanto, o homem se sente favorecido desde o inicio, sua preocupação em se instrumentalizar perante o gênero oposto é precária ou quase nula. A mulher, por sua vez, sofistica-se emocionalmente em níveis variados, torna-se mais paciente, indiferente a determinadas situações, mais manipuladora e omissa. Tem menos intenção de falar das experiências do passado (o que não se observa entre os homens. Isso, na verdade, pelo motivo dos rapazes terem orgulho de se sentirem mais vitoriosos do que as meninas nos primeiros anos de vida. Na fase adulta, o prazer em falar sobre suas experiências sexuais, com quantas saíram, beijaram, transaram etc., é uma resultante diametralmente oposta às mulheres, pois, como o passado remoto destas sempre as desagrada, na fase adulta, apresentar experiências afetivo/sexuais carrega o peso de se tocar, dentre outros motivos, ao indesejável período infantil, pelo fato do aspecto temporal ser sempre um ponto crucial na vida psíquica das mulheres. Por isso, entre os sexos, o homem tem muito mais satisfação em trazer suas experiências do que o contrário) e muito mais ímpeto de se ver superior ao masculino do que este acima do feminino. Isso se confirma nas discussões sexistas, nos temas de conversas que as mulheres mantêm com as do mesmo gênero (falar mal de homens, ridicularizá-los ou afirmar que não precisam deles) e etc., do que o contrário (homens dificilmente, quando se juntam, falam mal de mulheres. Na verdade, costumam falar do quanto as desejam sexualmente, admiram sua beleza, são fálicos e mais capacitados a possuírem determinadas damas, etc.). Não descarto a evidencia de que algumas mulheres falam bem de seus homens, pais, irmãos e amigos, assim como alguns se negam a comentar sobre sexo, se reservam às suas parceiras e não se interessam por assuntos dessa ordem. No entanto, considero serem tais casos exceções nos dias de hoje.

Tal afirmação repousa em uma suposição lógica: se alguém se percebe inferior, limitado e desfavorecido, o caminho mais plausível é o de tentar reverter este cenário, diferente de quem já se percebeu "abençoado". Despreocupado por natureza, o homem não se desenvolve tanto emocionalmente por achar que seu território e configuração já o são, inconscientemente, sagrados. A história de Tróia retrata bem o que ocorre psiquicamente entre os gêneros: Aquele que se acha dadivado mal se preocupa com as situações de ameaça pueril. Já aquele que sente ter perdido seu objeto prioritário, arma-se e instrumentaliza-se, a tal ponto, a fim de conquistar o que lhe falta, aumentando sua sabedoria e estratégia perante o campo rival. E é exatamente isso que se observa atualmente: as mulheres possuindo mais recursos emocionais para manipularem os homens do que o contrário. E o ditado popular não é inverídico. Elas se vingam mais cruelmente, levam seus parceiros para onde querem, simulam muito mais do que eles e sentem, no fundo, serem mais estrategistas.

No terceiro parágrafo Freud descreve, por falta de evidencias percebíveis em sua época, uma infeliz pressuposição teórica quando comparada ao seu correspondente externo. Afirma que o Édipo no menino é mais complexo do que na menina. No entanto, esse complexo é, na realidade, muito mais complexo no gênero oposto. Isso porque a angústia em si é a determinante para toda a fórmula ligada ao início, meio e fim do aspecto trágico. Falando de maneira resumida: o menino e a menina vivem a castração, o Édipo e seu parcial desfecho. Durante todo esse processo, os dois gêneros sofrem intensamente por conta das próprias fantasias, mas, no final dele, é o rapazinho quem menos sente o impacto da experiência em si, afinal, seus desdobramentos e reverberações são menos aterrorizantes do que os vividos pela menina.

Ao leitor pouco familiarizado com a Psicanálise: o Édipo cria um sofrimento intenso, a ponto de definir se a pessoa será mais equilibrada ou mais desorganizada no futuro. Freud pouco descreveu sobre as consequências dele para o gênero feminino. Mesmo assim, o resquício dessa experiência é, indubitavelmente, imensamente mais aterrorizante para a mulher. Vejamos, a partir da seguinte fórmula.

O menino percebe que tem um pênis e a menina não. Quer ter sua responsável para si, mas nota que não pode em função de um tabu cultural. A menina nota que não tem um pênis, e quer ter seu genitor para si, mas percebe que não terá em função do mesmo motivo que o menino. Nessa linha de raciocínio, o menino entra no complexo de Édipo por querer ter seu objeto de amor (a mãe), mas sai por conta de temer ser castrado, isto é, o de perder seu falo. A menina entra no complexo de Édipo por se sentir castrada, não admitindo não possuir um órgão extensor, mas, sai do Édipo, "conformada" com a possibilidade de, um dia, ter um objeto substituto do pênis, isto é, um filho e seios (atualmente considero só o filho, em função de o homem conseguir implantá-los através de recursos médicos), coisa que o menino não terá em vida. O garotinho sai, portanto, com a sensação de que não perdeu o que, para ele, é de extrema importância. A menina, por outro lado, resolve o Édipo tendo que se conformar com o fato de não ter obtido seu maior intento, ou seja, o pênis. Deve-se contentar com a possibilidade de, um dia, ter algo temporário (uma criança no ventre), do qual o homem nunca terá (e que, por sua vez, nunca fará questão, considerando-se a regra), mas que, no fundo, não servirá, na alteridade, para saciar a vontade de possuir seu objeto inicial.

Nesse sentido, o menino perpassa o Édipo sem sofrer e se preocupar com o futuro, até porque ele sente que garantiu o falo em si por ter abdicado, conscientemente, do desejo proibido. A menina, por outro lado, abdica, conscientemente, sua reinvindicação do pênis, mas não o faz inconscientemente. Seu sofrimento continua a se perpetuar ao longo dos próximos anos. Isso revela o quanto a insatisfação é muito mais desgastante do que o receio em perder o que já se tem. Entre a angústia da "privação" e a da "preservação do patrimônio", a dor repousa, em regra, sobre a primeira.

No caso do futuro do menino, o sofrimento caracteriza-se pelo medo dele em não garantir o emprego, o controle do lar, o amor da esposa e tudo mais que o faça sentir, inconscientemente, ter perdido a própria masculinidade (o falo). Na menina, o receio está em não ganhar uma batalha entre ela e suas amigas da escola, em não vencer uma discussão com as vizinhas, em não ter uma roupa mais bonita do que as demais, em não possuir um cabelo, unha, vestimenta e adornos mais desejados e, principalmente, em não ser a preferida, desejada e amada por um homem que julgue ser seu objeto de amor, dentre inúmeras outras coisas. Isso explica o motivo pelo qual nenhuma mulher aceita, ao seu lado, pessoas ou parceiros fracassados, sem empregos e não fálicos. Ao contrário do homem, despreocupado com isso, na maior parte das evidencias, com o status da mulher. Este, por sua vez, sente que a posição financeira, o lugar adquirido perante a sociedade, a estima entre o meio, etc, são, no fundo, menos importantes do que o desejo que possui de se ter alguém similar à mãe. Obviamente, isso se deve ao motivo deste não se importar com o falo da parceira, visto seu inconsciente ser distinto do dela, como apontado por Freud ao considerar os inconscientes de ambos os gêneros diferentes entre si. Na realidade, leva em consideração a possibilidade de reencontrar seu objeto primordial da infância, ainda que não se dê conta disso. Essa busca pela perspectiva feminina é, substantivamente, diferente.

3.2 O TRABALHO DE 1925

Em 1925, ao apresentar as consequências psíquicas relativas à percepção infantil sobre as diferenças anatômicas entre os gêneros, Freud amplia a noção ligada aos desdobramentos do Complexo de Édipo na menina e afirma, sem ressalvas, que essa experiência não deve ser generalizada para o sexo correlato. Na página 280, problematiza o motivo pelo qual o pai torna-se o segundo objeto de amor da criança, ao posterior abandono do primeiro, a mãe (FREUD, 1925/1996):

> Nas meninas, o complexo de Édipo levanta um problema a mais que nos meninos. Em ambos os casos, a mãe é o objeto original, e não constitui causa de surpresa que os meninos retenham esse objeto no complexo de Édipo. Como ocorre, então, que as meninas o abandonem e, ao invés, tomem o pai como objeto? Perseguindo essa questão pude chegar a algumas conclusões capazes de lançar luz exatamente sobre a pré-história da relação edipiana nas meninas.
> Todo analista já deparou com certas mulheres que se aferram com intensidade e tenacidade especiais à ligação com o pai e ao desejo, em que esse vínculo culmina, de terem um filho seu. Temos boas razões para supor que a fantasia de desejo foi também a força motivadora de sua masturbação infantil, e é fácil formar a impressão de que, nesse ponto, viemos dar conta um fato elementar e não analisável da vida sexual infantil. Entretanto, uma análise rigorosa desses próprios casos traz à luz algo diferente, ou seja, que aqui o complexo de Édipo tem uma longa pré-história e constitui, sob certos aspectos, uma formação secundária.

Embora a resposta seja fornecida em páginas posteriores, nesta supracitada, o aspecto ligado à diferença inicial da experiência edípica é evidenciado e, junto com ele, a explicação da configuração com a qual a trajetória na menina e no menino se forma. A rigor, Freud comenta o fato dessa retenção no garoto e o abandono na garota depender, exclusivamente, da percepção ligada à ausência do pênis na mãe e à existência desse órgão sexual no pai. Na página seguinte, afirma que (FREUD, 1925/1996, p. 281):

> Existe um contraste interessante entre o comportamento dos dois sexos. Na situação análoga, quando um menino pela primeira vez chega a ver a região genital de uma menina, começa por demonstrar irresolução ou falta de interesse; não vê nada ou rejeita o que viu, abranda a expressão dele ou procura expedientes para colocá-lo de acordo com suas expectativas. Somente mais tarde, quando possuído de alguma ameaça de castração, é que a observação se torna importante para ele; se então a relembra ou repete, ela desperta nele uma terrível tormenta de emoção e o força a acreditar na realidade da ameaça de que havia rido até então. Essa combinação de circunstâncias conduz a duas reações, capazes de se tornarem fixas e, se assim for, quer separada, quer juntamente, quer em conjunto com outros fatores, determinarão permanentemente as relações do menino com as mulheres: horror da criatura mutilada ou desprezo triunfante por ela. Esses desfechos, contudo, pertencem ao futuro, embora não muito remoto.
> A menina se comporta diferentemente. Faz seu juízo e toma sua decisão num instante. Ela o viu, sabe que não o tem e quer tê-lo.

Essa concepção de que a menina registra o desejo de possuir um pênis, mesmo que abandonada no final do estágio edípico, a impele tentar, por meio de muitas representações, a findar o intuito de possuí-lo, durante o restante de sua vida. Freud, nas páginas 281 a 283, explica, com contundência, a origem dessa característica psicológica (FREUD, 1925/1996):

Aqui, aquilo que foi denominado de complexo de masculinidade das mulheres se ramifica. Pode colocar grandes dificuldades no caminho de seu desenvolvimento regular no sentido da feminilidade, se não puder ser superado suficientemente cedo. A esperança de algum dia obter um pênis, apesar de tudo, e assim tornar-se semelhante a um homem, pode persistir até uma idade incrivelmente tardia e transformar-se em motivo para ações estranhas doutra maneira inexplicáveis. Ou, ainda, pode estabelecer-se um processo que eu gostaria de chamar de rejeição, processo que, na vida mental das crianças, não aparece incomum nem muito perigoso, mas em um adulto significaria o começo de uma psicose. Assim, uma menina pode recusar o fato de ser castrada, enrijecer-se na convicção de que realmente possui um pênis e subsequentemente ser compelida a comportar-se como se fosse homem.

As consequências da inveja do pênis, na medida em que não é absorvida na formação reativa do complexo de masculinidade, são várias e de grande alcance. Uma mulher, após ter-se dado conta da ferida ao seu narcisismo, desenvolve como cicatriz um sentimento de inferioridade. Quando ultrapassou sua primeira tentativa de explicar sua falta de pênis como punição pessoal para si mesma, e compreendeu que esse caráter sexual é universal, ela começa a partilhar do desprezo sentido pelos homens por um sexo que é inferior em tão importante aspecto, e, menos no sustentar dessa opinião, insiste em ser como o homem.

Mesmo após a inveja do pênis ter abandonado seu verdadeiro objeto, ela continua existindo: através de um fácil deslocamento, persiste no traço característico do ciúme. Naturalmente, o ciúme não se limita a um único sexo e tem fundamento mais amplo, porém sou de opinião que ele desempenha um papel muito maior na vida mental das mulheres que na dos homens e isso se deve ao fato de ser enormemente reforçado por parte da inveja do pênis deslocada. Antes, quando ainda não estava ciente dessa fonte do ciúme e considerava a fantasia 'uma criança é espancada', que ocorre tão comumente em meninas, construí para ele uma primeira fase na qual seu significado consistia em que outra criança, uma rival de quem o indivíduo tinha ciúmes, deveria ser espancada. Essa fantasia parece constituir uma relíquia do período fálico nas meninas. A rigidez peculiar que tanto me impressionou na fórmula monótona 'uma criança é espancada' provavelmente pode ser interpretada de modo especial. A criança que está sendo espancada (ou acariciada) pode, em última análise, ser nada mais nada menos que o próprio clitóris, de maneira que, em seu nível mais inferior, a afirmação conterá uma confissão de masturbação, a qual permaneceu ligada ao conteúdo da fórmula desde seu início, na fase fálica, até a vida posterior.

Embora Freud não tenha dado exemplos mais práticos sobre o ciúme em si, a explicação pode ser entendida da seguinte maneira; a mulher, por considerar algumas pessoas demasiado importantes, passa a senti-los (as) como se fossem objetos seus. Por isso a menção do deslocamento apontado pelo autor. Portanto, se aquele objeto me pertence, o risco iminente de perdê-lo, algo análogo ao que acontece com o menino na castração, passa a ser observado no ciúme em si. De maneira mais clara, o objeto de amor e a posse da mulher, seja seu namorado, noivo, esposo, amigos, ou qualquer outro que se preste a esta finalidade, é, inconscientemente, sentido como sendo o substituto do seu próprio pênis idealizado, conquistado ao posterior período edípico. No entanto, Freud reduz o ciúme ao clitóris como objeto, fato do qual considero se tratar, em níveis profundamente anímicos, um substituto do órgão genital masculino. Ainda assim, acredito que o ciúme é mais bem definido por Klein (1946/1997) quando, ao diferenciá-lo da inveja, descreve que ele se relaciona ao medo da perda do objeto de amor, e não somente a um deslocamento do complexo inconsciente de inferioridade, tal como apontado por Freud.

Essa consideração sobre o ciúme deve, ainda, ser ampliada. Sendo ele derivado do medo da perda do objeto de amor e não da parcialidade do objeto, isto é, do objeto como um todo, seu núcleo pode estar, também, vinculado ao seu primeiro e/ou segundo objeto de amor, substitutos do pai ou da mãe, e não somente ao órgão genital em si. Isso permite afirmar que o ciúme pode existir pelo medo da mulher perder seu pai/mãe/responsável, simbolicamente representado por outros personagens e cujas funções se ligam ao desejo de se ver protegida, amparada e amada, ao contrário de sentir perder o substituto do pênis. Isto, por sua vez, representa a falicidade conquistada de maneira disfarçada, ainda que, em alguns casos, possa ser este o real motivo da existência dele.

Sobre a inveja do pênis, Freud destaca outros dois motivos:

Uma terceira consequência da inveja do pênis parece ser um afrouxamento da relação afetuosa da menina com seu objeto materno. A situação como um todo não é muito clara, contudo pode-se perceber que, no final, a mãe da menina, que a enviou ao mundo assim tão insuficientemente aparelhada, é quase sempre considerada responsável por sua falta de pênis. A forma pela qual isso historicamente ocorre consiste, com frequência, no fato de que a menina, logo após ter descoberto que seus órgãos genitais são insatisfatórios, começa a demonstrar ciúmes de outra criança, baseando-se em que sua mãe gosta mais dessa criança do que dela, o que serve de razão para ela abandonar sua ligação com sua mãe. Isso então terá efeito, se a criança que foi preferida pela mãe se tornar o primeiro objeto da fantasia de espancamento que termina em masturbação.

Um outro surpreendente efeito da inveja do pênis, ou a descoberta da inferioridade do clitóris, existe e é, indubitavelmente, o mais importante de todos. No passado, amiúde formei a impressão de que, em geral, as mulheres toleram a masturbação de modo pior que os homens, de que mais frequentemente lutam contra ela e são incapazes de usá-la em circunstâncias nas quais um homem se valeria dela com via de escape, sem qualquer hesitação. A experiência sem dúvida trará à tona inumeráveis exceções a essa afirmativa se tentarmos transformá-la em uma regra. As reações de indivíduos humanos de ambos os sexos naturalmente se constituem em traços masculinos e femininos. Não obstante, pareceu-me que a masturbação está mais afastada da natureza das mulheres que da dos homens e a solução do problema poderia ser auxiliada pela reflexão de que a masturbação, pelo menos do clitóris, é uma atividade masculina, e que a eliminação da sexualidade clitoridiana constitui precondição necessária para o desenvolvimento da feminilidade (FREUD, 1925/1996, p. 283).

Nesses trechos fica claro a ideia do quanto à ausência do pênis inscreve, no aparelho, a percepção de que, desde a tenra infância, a menina é desprovida de um objeto cuja importância é grande e, também, e ao mesmo tempo, o quanto é defeituosa por conta dessa privação. Amiúde, a percepção de que a mãe não possui qualidades e é, ainda, responsável pela sua falta, desenvolve, consequentemente, outra percepção acerca da genitora, a saber, a de sê-la incompetente e sem valor. Como explicado no primeiro capítulo, essa percepção, se mantida no campo do pré-consciente, ou mesmo do consciente, gerará desconforto ao ego, em função do superego não autorizar, moralmente, com que a menina note seu desprezo e ódio real pela mãe. Por isso, a supressão desse conteúdo faz-se valer, não imediatamente, mas gradativamente, à instância do inconsciente. Como a mãe (ou a responsável, ou a madrasta, etc.) foi, além de sua função maternal, a primeira a mostrar à criança o significado do papel social da mulher, o desfecho desse conflito acontece a partir da eleição, como material representativo, do ódio e desprezo que a menina transferirá, futuramente, a todas as mulheres que conhecer. Esse funcionamento específico do gênero feminino explica o motivo pelo qual muitas, nas fases posteriores, desprezam, rivalizam e dão pouca importância às pessoas do mesmo sexo, valorizando, em contrapartida, as do oposto. Tal comportamento é observado constantemente, todos os dias, em lugares diferentes, mas sempre derivado de seu denominador comum, o de promover manifestação disfarçada do conteúdo negativo ligado à figura materna.

No entanto, em casos onde a menina não tenha desenvolvido uma sólida referencia, mantida, durante anos, acerca da figura paterna, o que se observa é uma inversão desse desfecho, ou seja, o ódio pelo pai e a identificação com mulheres que sofreram a mesma privação no passado atualiza-se no ódio pelos homens e na convivência em um grupo, ou grupos de mulheres, que se sentem inferiores socialmente aos do gênero oposto. Isso explica o porquê de muitas não suportarem, gratuitamente, todos os que sejam do sexo masculino, odiarem as mulheres que são contrárias às suas opiniões e que se submetem aos seus maridos (mães do inconsciente, as quais são sentidas, assim, nestas de contrário valor) e defendem as que compartilham a busca de igualdade, como sendo, no fundo, projeção delas mesmas, isto é, deslocam a ideia infantil que desenvolveram sobre si próprias, na fase edípica, a saber, a de serem vítimas da vida, para as semelhantes em ideologia e história existencial. As que lutam por igualdade em conjunto são, portanto, mulheres que projetam umas nas outras a ideia que reprimiram acerca da criança que foram no Édipo, solidarizando-se mutuamente. Eis o que se observa perante o feminismo consuetudinário contemporâneo.

No tocante ao aspecto ligado ao ódio fraternal que a criança desenvolve por aquela que irá nascer, tenho observado que a intensidade desse sentimento torna-se maior quando a menina já viveu o Édipo e descobre que, a que virá, será do gênero masculino. Isso porque ela sabe que o bebê que a mãe guarda no ventre não será defeituoso como ela já sente ser. O ódio, portanto, é intensificado pelo fato do "falo" carregado pela mãe aumentar a sensação de inferioridade que ela já possui perante os homens. No menino, por outro lado, o ódio deriva-se do receio em ser destronado e substituído, algo que, na fase adulta, veste-se da representação ligada à traição e ao pavor de ser abandonado pela esposa, em detrimento de outro qualquer.

Em relação a pouca atividade masturbatória na menina, há um fato do qual Freud não apresentou e que também explica esse comportamento, mesmo que consideremos a mulher também, e não somente a menina. O corpo masculino produz, desde o início, muito mais testosterona do que o corpo feminino e, de acordo com a Biologia, o hormônio responsável por estimular e aumentar o interesse pelo sexo deriva-se dele. Embora o organismo da mulher produza-o, ainda assim, ele não é feito em grande escala quando comparado ao organismo do homem. Além disso, o orgasmo, por uma questão ligada à constituição corpórea e genética de ambos os sexos, só acontece na masturbação masculina, ainda que existam raros casos em que ele seja vivido pela mulher. Por esse motivo, o homem só consegue adiar sua satisfação sexual, quando não encontra meios de realiza-la, recorrendo à masturbação e, a mulher, não se importa em adiá-la, recorrendo, em raros casos, à masturbação.

Há de se considerar ainda, a região genital como sendo o exato lugar donde a menina identifica sua falta e se percebe com defeito. Isso fora comentado por Freud na página posterior. Minha ideia, no entanto, vem a reforçar o que ele explicou nesses ulteriores parágrafos. Estimular o território responsável por feri-la, narcisicamente, seria estimular o local no qual o trauma nasceu. Isso explica, psicologicamente, o porquê das mulheres terem pouco interesse no ato masturbatório. Trata-se de uma experiência análoga ao sujeito que foi assaltado e agredido em um determinado lugar. As chances de ele passar, novamente, por ali, são, provavelmente, bem menores. Afinal, percorrer aquele espaço incorre na possibilidade de se estimular recordações desagradáveis e, também, de reviver a situação em si. Por isso, mudar de caminho torna-se a alternativa mais plausível. O mesmo acontece com a mulher que, tendo registrado aquela zona erógena como o ponto no qual seu trauma se erigiu, define, categoricamente, a masturbação clitoridiana como algo imundo e sem valor psíquico. Daí muitas utilizarem cobertores e travesseiros no ato masturbatório, já que, por meio deles, nada será sentido como algo direto. Contudo, a existência de exceções não invalida a regra.

3.3 O TRABALHO DE 1931

Em 1931, Freud publica um trabalho intitulado Sexualidade feminina (FREUD, 1931/1996), cuja perspectiva se voltou a definir melhor o funcionamento da mulher, partindo da experiência edípica vivida pela menina nos primeiros anos de vida. Comenta que os abandonos da zona erógena clitoridiana e do objeto de amor inicial, isto é, a mãe, são os pontos fundamentais que explicam os desdobramentos da psique feminina. Enfatiza, no entanto, mais o segundo aspecto do que o primeiro: o abandono da genitora enquanto escolha objetal em detrimento do pai torna-se o foco da parte inicial deste escrito. Afirma que o período pré-edipiano revela importantes informações sobre a criança e que, as fixações e antecipações de outras fases do desenvolvimento, nesta etapa, ajudam a remontar a origem das neuroses das mulheres. De maneira mais categórica, considerou o fato da relação inicial com a mãe ser a responsável por instaurar a histeria na menina.

Freud acreditou que o pai serviu, inicialmente, ao papel de rival da menina no trato com a mãe e que, a inversão dessa circunstância, se deveu ao motivo de a criança ter superado o complexo de Édipo invertido. Para o leitor menos familiarizado, seria o interesse do menino pelo pai e da menina pela mãe, na fase em questão.

Retomando, Freud afirmou que a menina abandona seu investimento libidinal na genitora em função de temer, intimamente, ser devorada por ela. Diz que todo movimento ocorre por conta da exigência da mãe, perante a socialização, ser um fator fundante. Mesmo que, para a época do autor, essa concepção pudesse encontrar correspondentes fatuais na realidade, não se é possível tecer generalizações similares nos dias de hoje. Se pensássemos no motivo pelo qual a menina desenvolve o temor pela mãe, comparado ao que desenvolve posteriormente na fase adulta, pelo pai, não conseguiríamos explicar, de maneira contundente, o motivo de a criança temer, inconscientemente, seu próprio genitor, mais do que sua genitora, em fases ulteriores do desenvolvimento. Isso só pode ser entendido pela natureza da fantasia que se agrega ao arcabouço psíquico: a imposição dos homens, perante as mulheres, na educação e decisão dos filhos, sempre fora, historicamente, mais ferrenha do que o contrário. A menina, percebendo as limitações e o estabelecimento da ordem vindas da figura paterna, desloca, para o seu genitor, seu medo de ser aniquilada, receando, mais do que o primeiro registro da mãe que pode mata-la (caso esta não se adeque às condições educacionais apresentadas pela sua responsável), ao segundo personagem de seu lar, isto é, o pai. Portanto, o medo de uma figura autoritária está, na verdade, mais enraizado na representação do homem do que na da mulher em si, exatamente pelo fato de a menina notar que, no final das contas, quem manda mesmo é o ser do sexo masculino. Faço, entretanto, uma ressalva para os acontecimentos posteriores e mais atuais, os quais podem ser observados em diferentes contextos e territórios do planeta.

Devido à mudança ligada ao papel exercido por homens e mulheres no matrimonio, bem como em outras formas de constituição familiar, a referência da qual a menina se baseia, em tais cenários, tem fortalecido, bastante, o medo dividido em ambas as representações parentais. Isso promove, na fase adulta, o interesse e o pavor da mulher em desagradar, tanto homens quanto mulheres que possam ser sentidos como importantes para ela. Nesse sentido, o medo vinculado ao abandono amoroso, oriundo desses personagens atuais, passa a figurar no núcleo do inconsciente feminino. Por isso, a preocupação em satisfazer determinadas pessoas, seja por meio do carinho excessivo, seja pela necessidade de chamar atenção desses mesmos objetos, faz com que o comportamento feminino, na atualidade, varie de um extremo ao outro, ou seja, da identificação com a função materna e paterna, bem como do desejo em aniquilar ambos. Isso permite dizer que a mulher quer, ao mesmo tempo, ser mãe e pai, ser homem e mulher, ser feminino e masculino, ser ativa e passiva, ser amada e destrutiva, etc. Na mente feminina, sê-las concomitantemente promove, inconscientemente, os recursos para se blindar do abandono. Explicarei esse aspecto, no entanto, no capítulo referente às minhas considerações sobre o inconsciente feminino na contemporaneidade.

Na segunda parte do manuscrito, Freud retoma alguns pontos comparativos entre o Édipo no menino e na menina, já apresentados anteriormente nos trabalhos de 1905 e 1925. Acrescenta, contudo, o fato desta lidar, de maneiras diferentes, com a castração propriamente dita. Enumera, não sequencialmente, três desfechos para o complexo mencionado. O primeiro seria o de, pelo trauma ligado à percepção da ausência do pênis, abandonar completamente sua sexualidade. O segundo aferra-se ao desejo de se obter, mesmo que em períodos muito tardios, o pênis, sendo, inclusive, observado nos casos em que a homoafetividade torna-se uma constante e, o terceiro, de revelar um interesse heteroafetivo, desdobrado pela natureza do próprio complexo, em assumir o lugar de mulher castrada e se conformar com o papel biológico conferido pela constituição orgânica, levando-a a abandonar, parcialmente, o desejo de reverter o conflito infantil.

Mesmo tendo muito sentido o que Freud comentou sobre o desfecho do conflito edipiano na menina, entendo que, para a época, o aproximar-se do fato em si era, dada a configuração social, algo muito complicado. Devido à caracterização da sociedade atual, tornou-se possível entender o motivo pelo qual estas três resultantes assumem, de maneira esgotada pelo pai da psicanálise, as vestes simbólicas dos traumas duais Castração/Édipo. Na realidade, os fatores que levam a menina a utilizar-se da repressão praticamente total da sexualidade, da perseguição do pênis e da aceitação parcial da própria condição são outros. Tudo depende, em essência, da relação entre a fantasia da criança e o papel de ambos os responsáveis. Nos casos em que não haja a presença do pai ou da mãe, ainda assim, o resultado deriva-se da atitude daquele (a) que cuida e educa a criança. Explicarei melhor.

No período em que a menina vive os dois complexos, a presença e atitude de um ou ambos os pais, sendo ela constante, levam a criança a enveredar-se pelos três polos possíveis mencionados por Freud. No primeiro caso, o da ausência de interesse pela manifestação da sexualidade, a experiência vivida é, em regra, a de perceber, a partir do casamento entre a fantasia e atitude dos responsáveis, que a estimulação clitoridiana, bem como a penetração vaginal e, também, qualquer erotização corpórea e psíquica são, sensorialmente, coisas repugnantes e desagradáveis. Isso porque as percepções prazerosas e anímicas da menina se colidem com uma atitude de extrema reprovação por parte de seus responsáveis. Para exemplificar melhor, seria como uma criança querer estimular sua zona erógena, desejar o pênis e encontrar, do lado dos responsáveis, uma decisão reprovadora, aterrorizante e extremamente castrativa, a ponto de gerar, nela, repúdio, vergonha e a sensação de "imundice". O efeito disto é a abstinência praticamente total da inclinação à vida sexual. No segundo desfecho, o trânsito está na atitude flutuante do (da) ou dos responsáveis. Caso a tratativa seja, em alguns momentos, de aceitação e, em outras, de reprovação, o temor pela estimulação da zona erógena, da penetração ou da liberdade de escolha do objeto de pulsão se materializará pela perseguição do pênis, ou, doutro modo, pela homoafetividade, nunca, no entanto, na satisfação plena ao ego. Já no terceiro, a atitude complacente do (s) responsável (is), ao mesmo tempo limitante (coibição das manifestações erotizadas em lugares públicos ou em situações sociais, por exemplo), promoverá a aceitação, por parte da menina, de seu próprio destino e conformidade (consciente) de seu papel em sociedade.

Há, entretanto, outro fator, praticamente não pensado em extensão e profundidade por Freud, que está no efeito potencializado pela menarca. Se as áreas do clitóris e da vagina passam a ser registradas, na infância, como lugares corpóreos por onde boa parte dos traumas psicológicos se origina, o sangue, característico da menstruação, define, inconscientemente, este território como sendo improdutivo, defeituoso e impuro. Simbolicamente, tal fluido tem, dentre inúmeros significados, o de sofrimento e dor. Não é à toa que muitas pessoas têm pavor em vê-lo. Na mulher, ele adquire, juntamente com os sintomas secundários, tais como a cólica, dores de cabeça e mudanças de humor, um sentido desprezível. Além do mais, em muitas culturas, a primeira menstruação é tratada como um rito de passagem no qual a menina, a partir deste momento, deixa de ser criança e se torna uma "mocinha". Isto requer, dela, a renúncia da infância. Acontece que, na estrutura neurótica, existe, em seu bojo, o desejo, regido pelo princípio do prazer/desprazer, de manter-se ou promover o retorno à fase da meninice, intuito este ameaçado pela menarca. Noutros casos, mais atuais e revestidos do feminismo, o desejo pela livre menstruação e por demonstrar ter pelos cobrindo o corpo, lugar por onde se é possível fazê-lo, revela, destarte, o desejo inconsciente de se assemelhar ao homem e, por conta disso, de se afastar do defeito edípico.

Todos estes fatores ampliam, portanto, os conflitos ligados ao clitóris e à vagina. Sendo esta experiência incômoda, o registro inconsciente, posteriormente reprimido, encontra representação numa situação da qual traz desagrado mensal. A área genital feminina é, então, permeada por uma série de inscrições traumáticas. Disso derivam a escassa masturbação e o fraco desejo sexual, em muitas, na fase adulta.

Na terceira parte do trabalho, Freud volta a problematizar o motivo que liga, inicialmente, a menina à sua mãe. Sua ideia central é a de que as polarizações atividade/passividade não se desenvolvem de maneira muito clara, mas, ao contrário, adquirem formatos diferentes na medida em que a libido vai evoluindo. Este binômio ativo/passivo é, segundo ele, o elemento que vincula, nas fases pré-edípicas, o interesse da criança à sua genitora. Esse estreitamento entre ambas é retomado na quarta parte, momento em que afirma existir uma relação de natureza sexual da criança com sua responsável, visualizada nas condutas de cuidado com higiene, alimentação e outras.

A base da feminilidade origina-se, portanto, da relação em que a menina estabelece com sua mãe nos períodos predecessores ao Édipo. A configuração dela, no entanto, dependerá de experiências a serem vividas nos demais anos da infância.

3.4 CONFERÊNCIA XXXIII

Em 1932, na Conferência XXXIII denominada Feminilidade, Freud retoma o assunto apresentado no artigo de 1925 e no de 1931, ambos anteriormente citados (FREUD, 1932/1996). De acordo com James Strachey, o único material novo que aparece é o referente a ultima parte.

A primeira passagem na qual Freud demonstra originalidade é o ligado à vida psíquica da fase adulta. Nela, concebe a alternância entre a masculinidade e a feminilidade na conduta como sendo um dos representantes do enigma da mulher para os homens. A hipótese é a de que isto acontece por conta da natureza bissexual dos seres humanos, além de considerar que partes da libido possuem finalidades masculinas e femininas, sendo responsáveis por direcionar o comportamento da pessoa para a realização desses fins. Ademais, afirma não conhecer, satisfatoriamente, os motivos da frigidez sexual, supondo que, possivelmente, sua origem esteja em três fatores distintos: psicogênicos, constitucionais ou anatômicos.

Por outro lado, atribui à feminilidade outro aspecto que a compõe. A mulher, referente às escolhas objetais, inclina-se, seja por conta do histórico de suas experiências sexuais infantis, seja por causa da educação, a privilegiar eleições mais narcisistas do que aquelas dirigidas ao outro. Na prática, prefere ser amada a vir a amar.

No final da conferência, ainda revelando certa insegurança no tocante à quantidade e ao conteúdo do material apresentado, credita, ao futuro da ciência, aos poetas e a outras áreas do saber, a explicação das lacunas que sentiu não ter suprido acerca do feminino. O próximo capítulo reúne alguns pontos que pude apreender no atendimento clínico e que, timidamente, suplementam os trabalhos do autor em questão.

4 - A PERFÍDIA DO INCONSCIENTE FEMININO NA CONTEMPORANEIDADE

Embora a descrição acerca do aparelho psíquico apresentada no primeiro capítulo do presente livro revele a funcionalidade geral e filogenética do inconsciente, procurei destacar, aqui, os componentes específicos do gênero feminino, não observados, comumente, no sexo correlato. A fim de deixar tudo bem detalhado, reitero a afirmação de que, hoje, diferente da época de Freud, é mais fácil perceber a manifestação de conteúdos inconscientes na conduta da mulher pelo fato de a cultura vigente fomentar maiores possibilidades de expressão da sexualidade e, com isso, dos agregados psíquicos que configuram sua constelação mental. Ademais, alguns conceitos, explanados ao longo do texto, mesmo que já explicados em capítulos anteriores, foram retomados com a finalidade de esclarecer, mais ainda, seus sentidos. Estes são considerados extremamente importantes para a aquisição da linha de pensamento que aqui se delineia. Destaco, também, minha sugestão de se ler este capítulo com a perspectiva no conhecimento e não no interesse em promover discussões sexistas, bem como ideológicas. Aqueles que dessa forma o fizerem se afastarão do propósito desta obra. Sem tal premissa de pensamento, o (a) leitor (ra) não conseguirá apropriar-se do fundamental para a compreensão da clínica do feminino, explicada, mais a frente, nas considerações finais deste livro.

4.1 A PRIMAZIA DO PÊNIS, O DESAMPARO, A MÃE E O PAI

Um dos pontos muito discutidos no século passado e visto como uma das maiores críticas à obra de Freud foi o da primazia do pênis e a inveja resultante de sua falta, unicamente, na menina. Alguns teóricos, inclusive, consideraram esta ideia excessiva e sem nexo teórico. No entanto, os desdobramentos dessa experiência na menina são condições *sine qua non* para se entender seu comportamento, em diversos setores da vida, na fase adulta. Mesmo com todas as teses e afirmações de que o pai da psicanálise devaneou com tal premissa, foi, a partir dela, que encontrei ser possível compreender o motivo das discussões com amigas e familiares, das insatisfações com namorados, parceiros, maridos, amantes, etc., bem como da natureza do regozijo de seus trunfos e outros estados mentais. A inveja do pênis é, portanto, minha consideração inicial para se captar as estruturas de pensamento mais sofisticadas na mulher.

Dos três pilares da obra de Freud, a saber, o inconsciente, a repressão e a sexualidade, são as experiências derivadas desta as responsáveis por gravar, no ego, uma marca profunda, traumatizante, cujo registro determina, mais do que nos garotos, a formação da personalidade. No entanto, ela não se afasta da repressão e do inconsciente. Pelo contrário, se articula com ambos e sedimenta o núcleo de sua estrutura.

A percepção do falo no menino e sua falta na menina geram, na garota, uma ferida narcísica praticamente irreparável. Costumo dizer que o órgão reprodutor masculino está para a criança como o dinheiro, o sucesso e a fama estão para o adulto. Para o sujeito "grande", viver sem eles é viver uma vida desprovida de sentido (obviamente me refiro à regra e não à exceção). Sua busca, por vezes incessante, resultou, ao longo da história, em mortes, traições e sofrimentos, de diferentes ordens, em todo canto do planeta. Os fatos provam isso. Não ter um objeto de poder em sociedades mais organizadas esvazia o significado da existência de um homem. Por isso muitas pessoas se submetem a cirurgias estéticas, passam fome para definir o corpo, roubam e matam para terem o usufruto do dinheiro, trapaceiam e mentem no trabalho para conseguirem promoção, dentre inúmeras outras coisas, a fim de sentirem-se mais destacadas do que outras. Sentirem-se, doutro modo, mais fálicas, visando, assim, tornarem-se o lucro de ser aquilo que a sociedade e a cultura moderna consideram legítimos e sinônimos de vitória, de vida bem vivida. O mesmo se dá na infância frente à falta de um falo e, consequentemente, à vontade de tê-lo. Na verdade, o núcleo originário de comportamentos similares aos destacados nos exemplos da fase adulta está, exatamente, na primeira percepção do falo e de sua ausência no sexo feminino, fato já apresentado por Freud no trabalho "a diferença anatômica entre os sexos" (FREUD, 1925/1996). Resumidamente, ter um pênis é "ter" poder, e é, também, "ser" poderoso (a).

Adler (1917/1956), por exemplo, apoiou-se na hipótese fundamental de que o poder é o principal componente da vida psíquica. O pênis, nesse sentido, seria o primeiro objeto de desejo dos seres humanos. Não somente para incorporá-lo, mas, sim, para possuí-lo. Até hoje, entre os homens principalmente, o tamanho do falo é visto como uma dádiva celestial, uma "benção", e sinônimo de respeito em algumas culturas, principalmente na ocidental. Nascer com um falo (e quanto maior, melhor), é ter um atributo divino, simbolicamente similar aos carros caros e mansões de luxo, obviamente resguardando-se as devidas proporções.

Sua falta, no entanto, causa um rebuliço idêntico a um vulcão em erupção. Notar não possuir um "atributo sagrado", "mágico", gera um sofrimento corrompível, em termos de excitação interna, aos limites de tolerância do aparelho psíquico, tornando-se, dessa maneira, algo insuportável ao ego em formação. Pela sua natureza traumatizante, tal registro deve permanecer longe do sistema consciente, como explicado no primeiro capítulo. A repressão, então, esforça-se para manter, o mais longe possível, a ideia de que a menina nada possui de valor e dispendia, com isso, um gasto de energia gigantesco (situação análoga ao recalque, utilizado, entre os três aos cinco anos para lidar com a vivência do Complexo de Édipo. Isto se tal percepção não for mais violenta do que o próprio Complexo). O enlace e desfecho dessa experiência tornam-se, portanto, o ponto primordial para se compreender a importância desse fenômeno (a falta do pênis), outrora afastado do polo perceptivo. No entanto, é o **retorno do reprimido** que, por sua vez, configura e determina a atitude e comportamento da mulher na fase adulta.

Como o inconsciente procura maneiras disfarçadas de promover a manifestação de seus conteúdos à consciência, as modalidades de expressão do pensamento "não tenho falo" ocorrem, sempre, de forma oposta. Nada chega à consciência informando ao polo perceptivo que há, nela, a falta de um pênis. Pelo contrário, na mulher, qualquer conteúdo que consiga circular desse jeito é, de imediato, ignorado e bloqueado pela repressão. Freud (1924/1996), ao procurar solucionar o desfecho do Édipo na menina, afirmou que sua dissolução parcial só acontece quando a criança percebe que as mulheres, e somente elas, podem dar a luz a um bebê e ter seios, coisa que os homens, pela sua biologia, não conseguem (filhos). Tal pensamento gera a sensação de que há algum tipo de característica poderosa no sexo em questão.

No entanto, como todo pensamento inconsciente jamais cessa em tentar chegar à consciência, suas máscaras, na fase adulta, adquirem, dentre outros modos, a seguinte característica: inverter o conteúdo desagradável por um contrário, negando sua forma original. Se a mulher, no inicio da vida, percebeu-se desprovida de valor, por não ter um pênis, no restante da existência, terá como meta rechaçar qualquer experiência que a coloque em tal circunstância. Por esse motivo mulheres não aceitam homens fracos e estão sempre à procura de um melhor (mais fálico), mesmo que digam o contrário. Quando sentem ter encontrado um homem com esse perfil, ainda que comprometidas, passam a se envolver com o objeto e com a situação, "não se dando conta" do real motivo. Muitas, por causa disso, vivem uma vida inteira insatisfeitas com seus parceiros, desejando cruzar com alguém do tipo "Dorian Gray" (personagem protagonista do filme 50 Tons de Cinza), isto é, um super-herói (não um ser humano qualquer), que escancare o quanto são boas por causa de um "semideus" ter se submetido aos seus encantos. Isso, por si só, já seria sentido como algo valoroso. Afinal, se um homem de tal nível encantou-se por ela, isso só pôde ter acontecido porque "ela" é sobre-humana, e possui "superpoderes". Toda essa fórmula é, no entanto, considerada por mim como um dos diversos tipos de pensamentos inconscientes e mostra, em termos funcionais, a inversão do conteúdo pelo seu oposto.

Tal característica também explica o porquê de muitas brigarem, constantemente, com seus parceiros. Pelo fato de se inclinarem mais ao mundo da fantasia do que ao da realidade propriamente dita, a tentativa e esperança infantil de se perceberem mais inteligentes emocionalmente do que seus homens incitam-nas a testá-los de todas as maneiras. Quando notam que se descontrolam, perdem a razão ou, então, ficam desesperados para evitar mais conflitos (muitas vezes sem que saibam o motivo delas estarem de mau humor), conseguem, com isso, sentirem-se secretamente superiores àqueles que já possuem um pênis por natureza. Além do mais, como mencionado por Alita (2008), a tentativa de verificar se o marido, parceiro ou namorado alcança o desmontar de tal quebra-cabeça, muitas vezes construído propositadamente, visa, também, verificar se este consegue manter a sobriedade frente a tanta embriaguez de emoções: xingamentos, menosprezos, dúvidas frente à masculinidade, choros, gritos e crises de raiva, etc. Caso não exista descontrole por parte do homem, a conclusão (inconsciente) tecida é a de que ele possui um atributo do qual tanto valorizam, isto é, o controle das emoções primitivas, já que, elas, inconscientemente, notam-se fracas perante o controle de suas próprias emoções. São, por conta disso, sentidos como diferentes e, consequentemente, reflexos do valor que acreditam possuir por tê-lo com ela e não com outra. Caso estes falhem, continuarão a serem vistos como inferiores e de baixo preço. Nos casos onde a separação ou ruptura não acontece, os testes continuam a acontecer.

Talvez muitos se perguntem: mas porque, então, muitas mulheres se submetem a tratativas humilhantes, aceitam qualquer um e não mudam suas posições perante a vida? Na verdade, as variáveis que explicam cenários dessa natureza são muitas: estarem longe do padrão de beleza exigido pela sociedade vigente, satisfazerem a parte masoquista que constitui uma porção de suas personalidades, não terem recursos para controlar homens mais maduros, não possuírem sofisticação cultural e, principalmente, por não conseguirem lidar com a sensação de desamparo.

Embora o desamparo seja uma característica que pertença aos dois sexos, na mulher, o impacto é ainda maior. Desde os primórdios de nossa história, o homem sempre fora incentivado, culturalmente, a se virar sozinho e proteger sua família. Não há registros feitos por muitas culturas que valorizem a busca de um ser do sexo masculino a procurar, do início ao fim da vida, alguém que possa protegê-lo. Pelo contrário, é ensinado a fazer isso por si próprio. Á guisa de compreensão, o homem aprende, desde o começo, que ele é o responsável por isso. Embora muitas mulheres tenham conquistado seu espaço no mercado de trabalho e o mundo esteja, atualmente, em um momento transitório acerca dos papéis e funções de cada gênero, ainda assim, o desamparo e o medo de se sentir vulnerável são, consideravelmente, maiores entre o feminino. Tenho visto-o, diariamente, na clínica, e falarei sobre isso no próximo capítulo.

Por conta desse pavor em se perceberem sozinhas e sem ninguém para apoiá-las, orientá-las e protege-las, muitas se submetem aos diversos tipos de existência. Aquelas que apanham de seus maridos, na maior parte das vezes, receiam não ter alguém para ampará-las, dar suporte financeiro ou proteger a prole da miséria e fome. Outras, sem coragem o suficiente para romper os padrões religiosos, a fim de não desapontar a família, perpetuam a insatisfação com os parceiros. Mesmo assim, anseiam encontrar alguém que as retirem de tais circunstâncias. A mulher desses moldes, portanto, prefere uma vida miserável a uma, teoricamente, mais vulnerável, cujos riscos pela busca da felicidade possam não ser mitigados.

Retomando o raciocínio referente aos conflitos conjugais, há ainda um ponto a ser esclarecido. A mulher dos dias atuais evita, a todo custo, ser responsável pelos fracassos de sua vida e de tomadas de decisões equivocadas. No trabalho, ainda que assuma a função de suas atividades, procura, sempre, outro que seja responsável por um desfecho insatisfatório. Em uma loja de roupas, ou em uma grande empresa, a culpa pela derrota sempre será alocada em outro objeto. Nos relacionamentos, as falhas jamais serão imputadas a ela, por ela. Você dificilmente irá encontrar uma mulher que assuma ter errado em uma relação que não deu certo. A responsabilidade estará, sempre, no outro. Por quê? Por que assumir a "bucha" é assumir, inconscientemente, a falha por ser "defeituosa", não fálica. É permitir com que o fantasma da falta de um pênis reapareça com veemência. E a repressão, por sua vez, não permitirá com que esse conteúdo desorganize, a tal ponto, o ego feminino. Gilligan (1988) considera essa característica como uma etapa do desenvolvimento moral da mulher, afirmando serem muitas as que se encontram nesse estágio. Os pontos mais evoluídos só são atingidos quando as mesmas conseguem abandonar a vontade de manipular a vida dos homens, assumindo a responsabilidade pela própria vida. No entanto, defendo a tese de que o núcleo psíquico que mantém a mulher estagnada, nesta etapa, reside na fixação das experiências vinculadas à percepção da falta e, seu crescimento, na superação desse conflito, somente conquistado na abdicação de qualquer desejo ligado a tê-lo.

Essa inveja pelo órgão genital masculino promove um ódio real pelo homem em si. Existem, inclusive, filmes que valorizam a vitória da mulher sobre seres do sexo oposto, representados, por sua vez, como fracassados. Muitas canções seguem esse caminho. Na musica da dupla sertaneja, Thaeme e Thiago, uma parte do refrão é bem clara: "eu quero ver você sofrer", ainda que o enredo se baseie numa traição. Na verdade, muitas músicas feitas pelas atuais cantoras de destaque colocam o homem em condições humilhantes e de sofrimento, demonstrando o quanto precisam, desesperadamente, do amor e perdão delas. Não se nota isso do contrário. As letras feitas por cantores sertanejos sempre indicam o tanto que o homem deseja o amor de sua parceira de volta, como está arrependido, não viverá sem ela e que a esperará eternamente (daí o público desse nicho musical ser constituído, numericamente, por mulheres). Tal cenário garante afirmar a raiva incipiente pelo sexo masculino e o consequente desejo de vingança (cujo núcleo reside na percepção inicial da menina ver-se ausente do órgão genital). Em contrapartida, não se observam manifestações de ódio, passeatas, fóruns ou coisas do tipo, feitas pelos homens, ao gênero feminino, mas, do contrário, sim. Um homem não defende a suposição de que viveria sem a mulher. Algumas, no entanto, o fazem explicitamente. Ademais, composições de sucesso também destacam o quanto elas são intocáveis, indispensáveis e indestrutíveis emocionalmente. As canções da cantora Anitta (Show Das Poderosas), Ludmilla (A Danada Sou Eu) e outras musicistas e letras vão de encontro com o exposto aqui. Você costuma escutar canções em que os homens diminuem as mulheres ou as maldigam, declarando não dependerem delas?

Em discussões afetivas, quando a mulher percebe que perdeu ou está prestes a perder o interesse do seu parceiro (via de regra, depois de tê-lo testado, inconscientemente, perante diferentes formas emocionais e a ponto de dizimar sua paciência), ativa, manipuladoramente, a representação pré-consciente vinculada à predileção de ser um ser espiritual. Em outras palavras, quando nota a diminuição do interesse de seu companheiro, comenta, em "dramáticas" palavras, o fato de que este não encontrará mais ninguém como ela por conta de não sê-la "deste mundo", e que todas as outras não serão tão especiais e amáveis quanto. Esse recurso é tão utilizado que cheguei a desconfiar ser uma característica pertencente, também, a outras estruturas de personalidade (no entanto, não atendi muitas pacientes de estruturas distintas da neurose. Por isso, deduzo que seja algo específico do gênero feminino. Ainda assim, deixo claro não ter base para falar de outras configurações de personalidade). Dizem que, aos "olhos de Deus", são únicas e que nenhuma outra as alcançará e será tão benevolente quanto elas. Muitas afirmam, também, de acordo com suas crenças religiosas, serem as mais protegidas pelos desencarnados, as mais vitoriosas em vidas passadas, as eleitas a adentrarem ao reino dos céus, as escolhidas na terra para a divindade, etc.. No entanto, tais circunstâncias simbolizam o desejo de se destacarem fálicas, melhores do que a mãe até, tanto delas quanto a do parceiro, no território imaginário do outro, visando, dessa maneira, não correrem o risco de se verem imperfeitas, falhas e, principalmente, substituíveis. Isso mostra o quanto as mulheres precisam do meio ambiente para legitimar a veracidade de suas próprias fantasias, já que, caso o outro ceda neste ponto, a retroalimentação do desejo de se sentirem únicas encontra, paralelamente, correspondente no exterior. Por outro lado, as que não acreditam em um ser superior, utilizam, como defesa e argumento, o fato de serem as mais fugazes e perspicazes do que todas, afirmando estarem em melhores posições do que as demais, em todos os aspectos, inclusive no cognitivo, estético e, principalmente, nos ligados à vestimenta. Resumindo, sempre se colocam de maneira especular a seus homens, como se fossem melhores do que qualquer outra na face do universo.

Caso alguém pergunte a uma mulher se há, nela, o desejo de, noutra possibilidade, nascer com um pênis, ou seja, nascer sendo do sexo masculino, boa parte das respostas será positiva. Muitas comentam que desejariam tê-lo, inclusive, a fim de saber qual seria a consequente sensação fisiológica e psíquica (não se escutam homens dizendo, em regra, que gostariam de ter vaginas). Além disso, a preferência real de muitas mães em formação é a de terem um menino, exatamente pelo fato de sentirem que, dentro delas há, inconscientemente, um pênis em formação. Esse desejo reside desde os primórdios da vida edípica e ilusoriamente traz a sensação de falicidade momentânea, mas real. No entanto, os atendimentos clínicos têm revelado que o núcleo do componente inconsciente volta-se, prioritariamente, na introjeção do pênis do pai ou responsável, cujo intuito é o de sentirem-se plenas, como afirmou Klein (1927/1996). Quando não vivem a experiência da maternidade, ou, se a conquistam, mas geram uma menina no ventre, o desejo de ter no útero um falo passa a ser substituído por outras características masculinas, tais como a vontade de liderar, serem "duronas", falar com a voz mais prostrada, reproduzir gestos e expressões faciais mais "frias", falar palavrões, cuspir e, atualmente, beber em demasia e se drogar de diferentes maneiras. Estes últimos comportamentos, no entanto, são apresentados por aquelas que falham na tentativa da gravidez ou, ainda, nas que não atingiram a vontade de se ter um bebê, não invalidando, evidentemente, as exceções.

Tudo isso se operacionaliza em função dela incorporar, ao seu ego, partes do ego masculino exterior, algo análogo ao apontado por Freud (1923/2006) na explicação do desenvolvimento do "eu", momento em que afirma só ser possível a evolução do ego para os outros estágios na medida em que sedimentos de outros egos se agregam ao do sujeito. Na prática, elas desejam ser, em algumas situações, como os homens são. O ego da mulher é, em essência, um combinado de componentes masculinos e femininos, dos quais os primeiros expressam-se abrandados e misturados com a própria feminilidade. Isso também foi observado por Freud no artigo Sexualidade Feminina (FREUD, 1931/1996).

A mulher, na verdade, aloca em seu inconsciente o desejo de possuir todos os atributos de um homem, similar aos intentos da Deusa do amor, a rainha de Sabá, chamada, pela mitologia árabe e judaica, de Bilquis. Seu objetivo sempre fora o de possuí-los por completo, absorvendo-os pela vagina. Deles nada sobrevive, a não ser seus componentes ontológicos. Tal divindade se caracteriza por ter sua personalidade dividida em duas, sendo uma metade nobre e, a outra, decadente, pertencendo, a esta última, a camada oculta da prostituição e do proibido, algo similar ao funcionamento psíquico (inconsciente) da mulher na fase adulta.

Seguindo essa linha de raciocínio, autores como Alita (2008), Freud (1910/1996) e Schopenhauer (2004) afirmaram existir uma parte na mulher cujo componente repousa na vontade de se prostituir, de se realizar no proibido, de fazer o que não pode. Afirmo que tal desejo deriva-se da vontade da menina em se deitar com o pai, ao mesmo tempo em que sente, na atmosfera da fantasia, o prazer de saber estar enganando a mãe (pessoa vista como fraca por não ter um falo) e de estar introjetando atributos masculinos em si, tais como o poder, a força, a vitalidade e o reinado do genitor. Na dimensão da fantasia, a menina acredita que seu amor e compromisso serão o produto do qual o pai pagará com o objeto que tem nele. Deposita sua fé na ideia de que, se for leal ao mesmo, receberá dele o que precisa. Entretanto, como registra, nessa experiência, uma de suas primeiras frustrações, passa a não acreditar mais nos princípios ligados à fidelidade e à lealdade, visto ter investido muito esforço nessa crença e, na realidade, não obter retorno. Como não suporta se ver preterida em relação à mãe diante da escolha do pai, passa a considerar que seu investimento no genitor foi nulo. Disso resulta outro registro de raiva pelos responsáveis. Da mãe, especificamente, sente ter perdido uma batalha "apocalíptica" (daí a mulher sempre tratar outras com desprezo, raiva e inveja em fases ulteriores), que não permitiu se sentir plena (por isso coloca-se como objeto de desejo em outras situações) e nem realizar suas fantasias de prostituição. Destarte, a mentira torna-se uma das principais características mantidas por ela na fase adulta, seja no orgasmo disfarçado durante o ato sexual, seja no encurralamento do homem perante atitudes duvidosas etc., cujo objetivo visa evitar reviver a sensação de traição, constituída na relação com o pai. Mentir, portanto, caracteriza-se como uma **fantasia** defensiva contra as possibilidades de ser enganada novamente.

No entanto, a mulher se divide em uma parte frustrada, por não ter o pai e o falo dele para si, e outra vinculada à identificação com mãe. Como ela percebe, na fase fálica, que sua genitora é a que detém o território do pai, sua vontade de atropela-la e despoja-la do trono de rainha gera a vontade de sê-la idêntica à rival: sendo como ela, poderá ter chances de tomar o pai para si. Esse fenômeno, no entanto, gera, na menina, admiração e respeito pela mãe, afinal, é esta quem tem os atributos que despertaram o interesse e a continuidade do desejo do genitor. Por isso, a submissão e o respeito que mantém por ela são agregados ao seu ego, em função de sua genitora ter como conduta tal comportamento, na maior parte dos casos, de natureza passiva. O lado doce da mulher provém, portanto, de seu aprendizado com a figura materna. Ser parecida com a mãe possibilita acreditar na esperança da qual julga ser possível o pai privilegiá-la pela "honestidade emocional", abandonando a primeira e ficando com a menina. Dessa experiência, derivam-se as crenças vãs que muitas amantes possuem, a saber, a de, um dia, verem seus "homens" terminando com suas esposas e assumindo-as (ou seja, verem seus pais terminando com suas mães e escolhendo-as como objeto de amor).

4.2 O ÓDIO, OS ROMANCES E OS HOMENS

Outro fato que legitima o ódio pelos homens, derivado da inveja do pênis, é o observado no relato daquelas que tem como hábito ou gosto a "balada". Bastante se escuta delas o quanto se satisfazem afastando pretendentes. Algumas, inclusive, oferecem-se como objeto de desejo pelo uso de roupas curtas, maquiagens personalizadas e outros atributos dessa natureza.

Mesmo que aleguem ingenuidade, o fazem propositadamente. Tendo a ciência de que despertarão, nos homens, o desejo de possuí-las, afirmam não se arrumarem com esse intuito e que, porventura, caso estes as cobicem, o problema e responsabilidade será deles e não delas. Tentam com isso inflar o ego se conseguirem desprezar aqueles que as cortejam. Qualquer que se aproxime e informe querer possuí-las é, imediatamente, rechaçado, sem dó. Não fosse pelo simples fora, o prazer em vê-lo frustrado ficaria oculto a tal intenção. O desprezo por aquele que possui um falo é, momentaneamente, regozijador. Se o candidato demonstrar-se confiante, "pegador" e destacado socialmente, o deleite é ainda maior. Ademais, essa experiência gera, inconscientemente, a sensação de sê-la fálica, exatamente por estar na posição de escolha e, diretamente, de poder.

Concomitantemente a isso há um desejo de outra natureza. Muitas sonham com romances e vidas perfeitas, sempre ao lado de parceiros gloriosos e destacados socialmente. Alita (2008) denunciou esse componente ao comentar que tais relacionamentos "cor de rosa" estão a favor de motivos inconscientes. Aprofundo tal concepção afirmando que o real motivo não está, somente, em encontrar um parceiro para utilizá-lo na realização de desejos parciais (ser protegida por um príncipe, um bom moço, um servo para a satisfação de todas as vontades), mas, também, para garantir e solidificar a percepção de que "ela é demais", afinal, todo personagem de uma fábula como esta precisa possuir qualidades marcantes (todos devem ser bonitos, compreensivos, inteligentes, desejados, fortes e sempre dispostos a priorizarem-nas), garantindo, assim, a ideia de que é, indubitavelmente, especial (fálica).

Tal afirmação nos leva a outro ponto. Toda mulher, a fim de querer garantir não ficar só perante a vida (fantasmagoricamente tratada como eterna), sempre alimenta relações duvidosas com outros homens, mantém "amigos fiéis ao seu lado" (na maior parte dos casos, todos interessados nela) e não termina, de vez, relacionamentos com ex-namorados, etc. Esse comportamento reside tanto no medo de se ver abandonada (por isso garantir possibilidades no futuro) quanto no de saber que existe alguém a desejando

(ALITA, 2005), visceralmente, como um objeto de valor único e insubstituível. Pelo menos é desse jeito que a fantasia inconsciente se estabelece. Por outro lado, como seu superego não aceita condutas que a afaste de seus próprios princípios e como seu ego não deseja sofrer por circunstâncias do tipo ser trocada, deixada, pisoteada em seus sentimentos, suas chances de assumir, para si, que tais comportamentos visam a esse fim (ou seja, o de manter sempre as portas abertas), ficam impossibilitadas de acontecer. Essa percepção é difícil de ser aceita conscientemente. Torna-se preferível negar as intenções de se ter futuros "estepes" do que perceber o quanto o desejar ter opções, para ser protegida e cobiçada, deriva-se de um motivo mais profundo, inexplicável, imbuído nela.

Não se observa o mesmo entre os homens. Pelo contrário. Mesmo sendo o desamparo um componente inato em ambos os sexos, no "macho", o medo de se ver só mantem-se constante apenas nas ocasiões em que ele não progride em se desligar de sua antiga "fêmea". Nos términos de relacionamentos, caso não consiga colocar "um ponto final", para si, no tocante às esperanças de obter sua amada novamente, este perpetua a angústia de algo inacabado (o que não ocorre entre elas geralmente) e, por conta disso, retroalimenta a sensação de desamparo. Por isso, muitos desejam ter a certeza de que tudo está terminado, pois, dessa maneira, conseguiriam investir libido e realimentar suas fantasias (infantis, na maior parte dos casos) em uma nova relação. A mulher, mesmo com receio de se ver abandonada futuramente, consegue manter as esperanças de retomar relações com seus antigos parceiros e, ao mesmo tempo, investir em outras oportunidades, sem se desesperar pelos insucessos do passado. Quanto mais chance tiver de não se ver sozinha e utilizar dos recursos que possui (choros, dramas, seduções, etc.) para resgatar antigos namoros, paqueras, "esquemas", e não se ver sem ninguém, mais "segura" se sentirá. O perfil masculino é diferente: só avança quando entende que tudo está acabado, sem esperança vã de retomar uma relação. No entanto, como boa parte das experiências afetivas nunca termina literalmente, visto existir, sempre, fendas "subliminares", dúvidas, possibilidades, informações dúbias, etc (em regra desenvolvidas e mantidas pela mulher), este se sente, inconscientemente, preso ao dilúvio emocional do qual se jogou quando erigiu suas idealizações (de se ter uma mãe substituta) relacionais. Por causa disso muitos homens cometem crimes passionais, perseguem suas antigas esposas, namoradas, pretendentes (não se vê na mídia relatos de mulheres atrás de seus "ex", nem leis que garantam ao homem proteção contra perseguidoras, dada a inexistência de tais fatos), por não conseguirem "fechar" a relação interiormente e avançar para uma próxima. Ficam presos na dimensão do vazio, da angústia sádica e insuportável ao ego, cujo superego costuma denunciar as possíveis falhas que o sujeito cometeu (mesmo sendo, na verdade, falhas inverídicas). O desespero do homem vive, na verdade, na prisão de um relacionamento antigo, que o impede de aliviar a sensação de desamparo, em detrimento de novas chances de ser feliz, enquanto que, na mulher, o desespero reside na falta de possibilidades e na ausência de um "Outro" que a ampare e a assuma, caso suas experiências atuais não logrem êxito.

Os homens bonzinhos são sentidos, inconscientemente, como sem nenhum atrativo. Aqueles que "trabalham duro" e satisfazem as vontades caprichosas de suas parceiras, bem como desdobram-se para dar tudo de melhor a elas são, indistintamente, percebidos como seres inferiores. Muitos fóruns da internet, páginas e grupos de redes sociais alimentam esta ideia. No entanto, os comentários apontados em redes sociais não descrevem os motivos mais profundos da psique feminina, fato que tratarei aqui.

Embora impere nas falas de muitas a vontade de encontrar homens sensíveis, que compartilhem seus sentimentos, que as tratem "como princesas" e que façam por merecer seu amor são, na verdade, argumentos falaciosos e que não correspondem à realidade. Caso uma dama encontre um parceiro com tais atributos, que a faça sentir-se a prioridade da relação, que ligue o tempo todo a fim de saber como ela está, evite brigas, de flores e/ou presentes constantemente, não ignore seus caprichos, mas, pelo contrário, tente satisfazê-los toda vez, seja romântico, etc., jamais conseguirá obter fortes e genuínas emoções. Isto porque o inconsciente feminino necessita encontrar um ambiente que proporcione uma contenção dos desejos infantis, dos anelos sem sentido e dos impulsos provindos do Id. Caso não haja frustrações, interdições e contradições acerca de suas opiniões e imposições de regras, esta se sentirá vazia. Por isso há muitas mulheres assumindo preferir os piores, bandidos, homens mais sérios e temerosos. Lacan (1953/2005), em sua obra, considera ser papel do pai o corte simbiótico que a criança mantém com sua mãe, bem como o de ser responsável por inscrever, no aparelho psíquico, a Lei e a ordem dos fatos. Como resultado, tem-se uma imagem da figura parental representativa da "primeira" castração traumática. Nestas relações amáveis, a mulher, por sua vez, não reavive e não reinscreve absolutamente nada que se assemelhe à percepção de ter, em sua vida, alguém similar ao pai, que instaure a realidade e permita tornar-se, por conta disso, objeto de projeção e de admiração inconsciente.

A escolha por animais de estimação, por sua vez, segue o mesmo princípio exposto no parágrafo anterior. Os seres mais frios, indiferentes e distantes tornam-se objetos privilegiados frente à decisão de se ter um bichinho. Muitas mulheres preferem gatos ao invés de cachorros, isto porque os primeiros possuem os atributos dos quais muitos homens apaixonados não têm, ou seja, a "horrorização" causada por não dependerem do amor e afeto delas, diferente dos caninos que, mesmo maltratados, ainda retornam para obter amor e afago. As evidências comprovam isso: não se reconhece muitas situações donde alguma mulher adotou muitos cachorros, mas, ao contrário, tenha adotado muitos gatos. O perfil simbólico do objeto, portanto, serve como propósito para a denúncia do motivo inconsciente. Isso não significa, no entanto, que a predileção por algumas em relação a diferentes espécimes não exista.

4.3 A BUSCA POR LIMITES

Há de se apontar, também, outro aspecto presente, em potencial, na vida das mulheres, a saber, a de desejarem, inconscientemente, encontrar limites no ambiente e, mais especificamente, nas relações afetivas. Ainda que esta seja uma característica de ambos os sexos, é entre o gênero feminino que suas manifestações revelam-se mais veladamente, mas ainda assim, com mais força de expressão. Winnicott (1967/1996), na descrição dos motivos psíquicos da conduta antissocial, afirmou existir, naquele que desafia o mundo por meio de atitudes ilícitas, o desejo de achar um espectro continente capaz de coloca-lo na condição de obedecer a leis e normas. Tal busca, no entanto, nunca culmina no encontro do objeto de satisfação (o mesmo acontece com elas). Na medida em que os desafios pertinentes da quebra da ordem são superados, outros de maior gravidade são iniciados (do uso de drogas ao cometimento de pequenos delitos, do roubo ao estelionato, da manipulação ao assassinato, da liberdade ao "prazer" de se viver no cárcere). Se, no entanto, fosse possível retirar a contingência do meio e a importância que possuem as leis penais, da realidade, a única via possível para o delinquente seria a psicose.

Na mulher, este mesmo componente, voltado a testar os limites do mundo que a circunda, encontra-se, também, em estado inconsciente. Entretanto, seu produto final difere da conduta antissocial por conta dos motivos ligados à sua cronologia de vida, dos aspectos históricos de nossa cultura e da educação de maneira geral. Para facilitar a explanação dessa ideia, retornemos aos moldes da vivência da menina na infância. No passado, ela era obrigada a obedecer às leis de seus progenitores, mais especificamente a Lei do pai, como aponta Lacan (1953/2005). O medo de desobedece-lo e a vontade de enfrenta-lo, no entanto, sempre estiveram presentes. Contudo, a partir do momento em que se estabelece a percepção sobre ser o pai o detentor do pênis, a intensidade do desejo de contrariá-lo se choca com a vontade de obedecê-lo, ativando o desejo de seduzi-lo, de ser passiva estrategicamente e explicitamente (parcialmente) conivente com suas regras. Esses traços visam, unicamente, tentar dobrá-lo para obter, dele, o objeto do qual intenta ter para si. O pai, portanto, passa a figurar como personagem central frente aos objetivos da criança, cujo desenlace, na fantasia dela, seria o de conseguir, inequivocamente, possuir e "ganhar" o que almeja, como se fosse um presente por bom comportamento, fazendo o que este sempre pede. Nesta fase, ela procura o pai em todo lugar, quer estar presente com ele em todas as ocasiões, deseja ir ao trabalho dele (a fim de marcar o território neste terreno), ficar em bares, no sofá e, até mesmo, no colo. A mãe, por sua vez, passa a ser vista como aquela que frustra e atrapalha, interferindo nos planos de tê-lo para si (daí muitas moças, na fase adulta, não verem graça na convivência com outras pessoas do mesmo sexo, pois carregam, sem se darem conta, a percepção inconsciente de que toda mulher é sempre um obstáculo e uma "pedra" sem valor na vida. Isso explica o motivo delas comentarem preferir trabalhar e conviver com homens do que com as que são do mesmo gênero. Este seria, na verdade, um elemento relativo ao significado atribuído à função materna na fase edípica, cujas expressões, na vida adulta, vêm a adquirir essa "vestimenta, fato já dito antes de maneira diferente"). No entanto, a conivência, por anos a fio (da infância à adolescência), mascarada por uma obediência calculada, registra, nela, a percepção de que o pai sempre será superior a si própria. Doutro modo, a menina se acostuma a perceber seu responsável como alguém mais elevado do que ela por este ditar as regras e fazê-la submeter-se às suas vontades. No fundo, odeia o pai tanto quanto o deseja (por isso mantêm relações de amor e ódio frente aos homens, depois de crescidas), e objetiva destrona-lo do papel de ditador, assim que conseguir o objeto de poder que almeja (por conta desse motivo, muitas enfadonham-se daqueles parceiros que "dão de tudo" que elas pedem, pois, no fundo, elas nunca conseguirão ter o falo que desejam deles, afinal, com estes, não há limites e frustrações e, portanto, não há como sentir o cenário atual como o similar ao da infância, cuja crença, na época, repousava na fantasia de que a vitória era vista como iminente, caso continuassem a obedecer ao pai. Se receberem o céu na terra, ainda assim sentirão não terem conseguido o que, inconscientemente, sempre desejaram. Visto isso, trocam de parceiros e buscam homens mais impositivos, pois, estes, por sua vez, são significados como personagens idênticos ao pai da infância, dado despertarem, com força, o desejo de que, um dia, serão contempladas com o objeto que tanto sonham obter). Como, na verdade, não logram êxito, abandonam, conscientemente, a vontade de despojá-lo. O retorno desse componente inconsciente, no entanto, reaparece da seguinte maneira: já que não pôde dobrar o pai na infância e obter, dele, o que desejava, procura, então, testar, na vida adulta, outros homens, para verificar se, nele, a lei prevalece e, se há, ali, há a esperança de reviver as fantasias de outrora por bom comportamento. Se a imposição de limites, por parte do homem, for apresentada de maneira "doce", mas sem negociação, a ideia esperançosa de conseguir, inconscientemente, um falo, se ativará. Caso este falhe em impor suas leis, as provocações e testagens acerca das regras existentes se triplicam, até ao ponto da relação se romper ou, raramente, deste último conseguir reverter o quadro e sustentar suas exigências.

No fim das contas, a mulher quebra os combinados e as leis estabelecidas na relação, a fim de verificar se seu parceiro consegue manter a condição dela em olhar "de baixo para cima", de permitir com que reviva a experiência de ter que se submeter a um pai (simbólico), dotado de um presente que só ele tem como entregar, ou seja, quer olhar o parceiro como olhava seu pai (ou substituto). A mulher quer, na verdade, testar tudo, a todo o tempo, para reviver a esperança infantil. Quer, portanto, ser rebelde e encontrar limites, como explicado por Winnicott (1967/1996) acerca da conduta antissocial. Objetiva, inconscientemente, ver-se liderada e dominada. Caso obtenha tudo o que pretende, sem frustrações e castrações, troca, sem captar o motivo de sua insatisfação, o parceiro atual por outro, mais fálico e dominador. Nesse sentido, a ideia de Alita (2005) sobre as escolhas dos maus, piores, que não temem ser abandonados, coaduna-se com o exposto aqui, afinal, são estes perfis masculinos os representantes sociais ideais da figura paterna autoritária, dos quais não precisam da aprovação e da existência dela para viverem (como o era o genitor no período do Édipo).

4.4 O ADULTÉRIO, A "FIDELIDADE" E AS DISCUSSÕES NO RELACIONAMENTO

O interesse por homens casados também mantém estreita relação com este componente. Na realidade, os motivos que levam uma mulher a tentar se envolver com pessoas comprometidas são, além de buscar um pai reserva, cujo cenário seja similar ao do Édipo, o de manter-se em situações das quais o relacionamento matrimonial não seja efetivado. Embora reine, no discurso histórico/social, a vontade de toda moça conseguir casar-se um dia, a verdade, no entanto, repousa noutra motivação psíquica, de ordem inconsciente, como se verá a seguir.

No primeiro caso, a mulher prioriza homens comprometidos porque estes se figuram como excelentes personagens substitutos da infância, época em que a menina se percebeu dispensável ao amor do pai em função deste estar interessado em sua mãe. Naquela ocasião, as tentativas de elaborar a percepção de não ser a predileta falharam e, por conta disso, o desejo de possuí-lo passa a vigorar com mais força no inconsciente do que noutro sistema. Esta situação também desenvolve o desejo de vingança, não só da mãe, mas de ambos, como dito anteriormente.

O retorno deste componente, então, encontra seu disfarce em ocasiões das quais os homens da fase adulta se prestam como objetos simbólicos ao Outro do passado. Já que um homem possui uma companheira, seu aparelho psíquico entende que o envolvimento com ele seria uma via possível de realização do desejo infantil, satisfazendo a exigência do inconsciente sem violar as normas da repressão, doravante representada pelo superego, dada a semelhança do cenário atual com o da infância. Assim, as tensões geradas pelas tentativas do desejo primitivo em promover sua "fuga" do arcabouço mental, bem como pelo esforço das defesas em não promover chances desse material se manifestar, se minimizam no momento em que um homem, parecido com o pai e que mantenha traços afetivos dirigidos à outra pessoa, se oferta como uma oportunidade para o conteúdo reprimido se expressar, ao mesmo tempo em que permite com que as excitações, acumuladas no interior do aparelho psíquico, diminuam temporariamente. Essa operação é, no entanto, sempre ineficaz, visto o desejo nunca expressar-se de maneira plenamente satisfatória. Por isso, algumas entram e saem de relacionamentos dessa natureza e nunca compreendem, completamente, o porquê disso.

Essas "escolhas" também permitem com que o ódio pela mãe seja igualmente satisfeito. O desejo de vingança pela genitora da infância encontra uma modalidade de manifestação mais ampla, em função da parceira de seu objeto ser, do mesmo modo, tratada como rival. Jamais uma amante levará em conta os sentimentos da outra, pelo contrário, muitas vezes intenta promover o sofrimento nela. O propósito é o de conseguir encontrar um meio de gerar (inconscientemente) o desespero que antes pretendeu direcionar à sua mãe. Por isso, muitas falam mal das esposas, namoradas e noivas aos amantes, sem piedade alguma, colocando-se, ao mesmo tempo, como se fossem melhores do que elas (daí se percebe o agregado de desejosos conflituosos, tais como a castração, o Édipo, a vingança, etc., manifestando-se, pela condensação, em uma única situação). Caso as legítimas descubram as traições, para as primeiras, a única preocupação estará no medo de serem agredidas, de passarem por situações vexatórias ou que tragam algum risco à integridade. Não medem, em larga escala, o sofrimento imputado à pessoa traída. Do mesmo modo, a dor vivida pelo amante não é considerada, pois, se este sente angústia, a mulher experimenta, na realidade, o desejo que antes pertencia, somente, à atmosfera da fantasia arcaica, isto é, o de ver seu pai "mal" por não tê-la priorizado no passado. Por isso, mereceu sofrer, de algum modo, sob seu ponto de vista. Muitas, inclusive, mantêm, desde o início, o desejo de destruírem a relação para provarem, inconscientemente, que não deixaram o sofrimento infantil "passar batido". Por isso, na maior parte dos casos, quando o homem termina a relação com a atual, o interesse antes erigido por ele perde seu valor, afinal, este passa a não servir mais aos propósitos do inconsciente por conta de ter perdido a característica primordial que antes mantinha o interesse da amante, ou seja, a de se ter uma esposa (mãe simbólica) ao seu lado.

Ademais, homens que provem fidelidade, amor incondicional e abandono dos próprios desejos e metas pessoais são, na verdade, vistos como pertencentes à mesma classe de objetos sem valor. Não que a mulher não valorize tais elementos, mas, ainda assim, prefere viver na dúvida de se ter alguém misterioso ao lado do que alguém cujas provas de amor foram todas entregues. Aquele que demonstra lealdade é tido, por um lado, como um porto do qual a mulher desembarca com fluidez e segurança e, por outro, como alguém que já entregou tudo aquilo que ela, na fase adulta, perversamente tanto valoriza, isto é, o coração. Perversamente por conta de não se importar em passar a trata-lo como "estepe" e não como alguém nobre. Se o homem, nessa linha de raciocínio, é "perfeito" aos olhos da sociedade, deixa de sê-lo ao íntimo da donzela. Isto porque a certeza de se ter alguém fiel gera a sensação de que ele não tem mais nada para oferecer e, desse modo, destoa-se e afasta-se do pai inscrito no inconsciente que, na infância, privou-a do falo. Aquele que deixa a mulher muito segura não realiza seus desejos mais profundos, e não o faz por ser percebido como fraco e sem força para frustrá-la.

A frustração é, portanto, outro desejo que figura no inconsciente. Obviamente, experiências constantes de frustração deixam a mulher enfastiada e angustiada, mas, a moderada, ou até a ocasional, ascendem as experiências infantis e fazem com que sinta-se segura, protegida e acolhida por alguém parecido com a figura do passado. Claro que me refiro à frustração dos caprichos e das vontades sem lógica e não do ato sexual, do desejo de se ter relações maduras e da meta em se constituir uma família. Frustrar é, aqui, entendido como uma necessidade inconsciente de saber que há alguém capaz de interditar seus intentos egoístas e narcísicos. Sem isso, o meio e o homem são considerados, inequivocamente, como elementos sem utilidade funcional. Rapazes inseguros, que corram atrás, desesperadamente, do humor de suas parceiras, ou delas mesmas e que, imaturamente, insistam em coloca-las no lugar da própria mãe, mostram, por outro lado, não serem seguros o suficiente para oferta-las com o falo, visto estarem longe do modelo inconsciente daquele que castra e frustra.

São nessas situações em que a mulher possui um parceiro com tais características que se torna possível compreender, mais facilmente, outro aspecto do gênero feminino: as discussões de relacionamento. Nas circunstâncias em que as brigas e desentendimentos aparecem, há sempre um estratagema inconsciente utilizado nas "batalhas" amorosas. Uma mulher jamais admitirá perder, em tais ocasiões, a guerra verbal e conceitual de suas justificativas e intenções. Caso ela não tenha a razão, a maneira encontrada para contornar esta situação baseia-se nos mecanismos que possui para gerar a responsabilidade e a culpa no outro. Existe, inclusive, um ditado popular que consiste em dar, a ela, o apriorístico ganho pela guerra: "a mulher tem sempre razão". De um modo, essa afirmação tem bastante nexo quando se leva em conta seu funcionamento, pois, perder uma discussão implica ter que sentir o peso da percepção reprimida, ou seja, a de ter que notar não ser fálica, poderosa, similar ao "macho". Desse ponto, entendo o quanto o termo "ser igual ao homem", tão evidenciado nos dias de hoje pelas lutas sociais, dá oportunidade aos desejos infantis manifestarem-se de maneira simbólica. Ser igual implica garantir a evidencia do fenômeno fálico. Por isso muitas moças não admitem diferenças entre os gêneros, por mais que a biologia e toda funcionalidade orgânica se operacionalize no contrário. Ser do mesmo nível afasta a percepção dela não possuir um pênis. Os desejos do passado, portanto, são os eternos responsáveis pela organização mental da mulher nas fases cronológicas subsequentes.

Retomando, nas discussões, há, sempre em estado latente, o desejo de se vencer a briga ou reverter a falta de razão. Os artifícios mais comuns são as mulheres utilizarem-se de choros, alterações de voz, simularem desentendimento do que se dialoga e, principalmente, retomarem assuntos não resolvidos ou "pisadas na bola", realizadas por seus parceiros, no passado. O desfecho é praticamente universal: o homem fica nervoso, grita, agride, desespera-se e perde a razão. Nesse momento, a leitura feita pelo aparelho psíquico é a de que, ela, por ser mais sábia emocionalmente, possui um atributo do qual o homem não tem, ou seja, o de manipular propositadamente a situação e o de não se corromper emocionalmente com situações dessa natureza. Algumas, inclusive, criam discussões e testes mentais a fim de verificarem se seus parceiros conseguem desmontar "quebra-cabeças" desnecessários (ALITA, 2005), pois, caso consigam, considerariam, inconscientemente, estar ao lado de um homem elevado emocionalmente e, por conseguinte, mais próximas de suas idealizações pré e pós-edipianas.

O que vigora mesmo, na conduta social, é o interesse confessado por homens misteriosos, como apontados antes. Isto porque deles não se torna possível obter nenhuma leitura concreta, nenhuma certeza acerca do que sentem. A dúvida está, portanto, na fraqueza do ego feminino: saber que são desejadas ou repudiadas é, objetivamente, um meio do qual conseguem tomar decisões, sejam estas o desprezo (por senti-los distantes da figura paterna castradora) ou a raiva (por perceberem, inconscientemente, análogos ao pai que as frustra e, por conta disso, merecedores da ira e vingança). Mas, não saberem qual posição possa ocupar em sua vida psíquica torna-o sem significado claro. E este ponto gera, nelas, uma angústia insuportável, análoga ao intelectual obcecado em compreender seu objeto de estudo. Por isso, o movimento de se impelir, se aproximar e se oferecer passa a ser o recurso "B", cujo objetivo é o de aliviar a angústia por não saber como controlar o objeto e, consequentemente, retornar à zona de conforto das emoções habituais. Diferente daquele que "baba aos pés", ou daquele que despreza radical e unilateralmente (cujos motivos são, em ambos os casos, identificados), o misterioso gera conflito e dor, precisando, a todo custo, ser "enquadrado" em alguma classificação pessoal, isto é, fraco, forte, interessante, desinteressante, etc. Se não o for, as insinuações continuam a níveis estratosféricos.

4.5 A AMBIGUIDADE E O FINGIMENTO

Tenho percebido ser a conduta ambígua outra característica específica. Boa parte delas, seja em discussões, condutas rotineiras, afirmações referentes à própria lealdade, promessas de fidelidade amorosa e/ou de amizade eterna, etc., assume uma postura essencialmente contraditória. Na prática, detectar esse cenário torna-se algo, por vezes, muito embaraçoso e complexo. Tal situação só se desvela ao olhar do outro por meio da observação atenta sobre os fatos ou, no caso do clínico, por meio de sua prática psicoterapêutica. No entanto, como se trata do inconsciente procurando brechas para se expressar, a identificação dos motivos latentes viabiliza-se pela semelhança das representações pré-conscientes entre si, algo similar ao descrito por Freud (1900/1996) na explicação da formação onírica.

Em todo comportamento dúbio há, em seu cerne, sempre um mesmo motivo psíquico. Como é do gênero feminino evitar assumir responsabilidades e não querer viver, no futuro, situações que envolvam frustrações acerca das próprias escolhas, o medo vinculado ao fracasso e ao desamparo tornam-se tão ameaçadores que o desejo de evitá-lo registra-se em sua constelação mental. No entanto, como tal conteúdo associa-se ao componente desagradável do qual ela evita viver, seu destino acaba sendo o arcabouço do inconsciente e não o território do pré-consciente. Por esse motivo, a mulher, ao afirmar, por exemplo, não querer mais olhar na cara de uma amiga, não querer retomar antigos relacionamentos, não dar abertura para interessados e cobiçadores, deixa, a entrever, características contrárias ao que afirma, sem que tenha plena consciência destes. Algumas, noutro polo representativo, mostram-se extremamente abertas e sorridentes para possíveis pretendentes, mas, na situação em que o interesse é enunciado, comentam não estarem disponíveis. Outras se insinuam em demasia, deixando a entender que estão inclinadas para a relação, rejeitando, posteriormente, o convite enunciado pelo "candidato", afirmando ser um equívoco, por parte dele, ter se deixado levar por falsas impressões. Até mesmo no momento em que dizem, com toda convicção, não quererem mais algo, encontram meios para desdizer suas certezas. Pude perceber, em várias circunstâncias, pacientes afirmando em tom alto não desejarem mais manter relacionamentos com seus parceiros, ao mesmo tempo em que comentavam serem capazes de odiá-los caso estes prosseguissem sem elas. Outras, quando questionadas sobre estarem interessadas em determinados homens, dizerem, de maneira curta e direta, ser impossível possuírem tal vontade, ao mesmo tempo em que deixavam escapar alguns sorrisos tímidos.

A ambiguidade, portanto, deriva-se do pavor de serem extremamente decididas e terem que arcar com os eventos à posteriori de suas ações, dos quais o ego não está preparado para suportar. Por isso, caso algo dê errado, encontram, na falta de clareza de suas atitudes, chances de reverter a situação. Nesse sentido, a vivência experimentada diante da catástrofe da responsabilização pelos fracassos assemelha-se, bastante, a de todo ser humano perante a morte, pois, para Freud (1920b/2006), não há, na mente, condições e componentes que possibilitem a simbolização eficaz das experiências ligadas à finitude. A morte não permite ao aparelho encontrar maneiras de representar a dor da perda. Por isso, as tensões geradas no seu interior aumentam em uma proporção insuportável, resultando em surtos e em outros comportamentos extremamente desagradáveis para o sujeito. Há, no entanto, diferenças entre as duas situações no tocante às defesas psicológicas utilizadas, pois, nos casos em que a morte é vivida, os mecanismos raramente são, de imediato, eficientes no combate à angústia e, naqueles em que a assunção das atitudes torna-se inevitável, o recurso para a contenção da dor emocional, isto é, o comportamento dúbio gera a ideia de que o problema pode ser revertido e aliviar, em decorrência, o ego em desespero. A duplicidade de atitudes possibilita, portanto, tanto a prevenção frente ao desamparo e as situações de responsabilização quanto, também, a de se defender da dor instituída pelo fracasso.

Esse movimento de sempre deixar as ocasiões com dois ou mais desfechos traz a sensação inconsciente de que esta não está totalmente vulnerável aos problemas da vida. Desse aspecto, então, tenho a condição de afirmar que o aparelho psíquico da mulher neurótica se organiza, desde os primórdios, para evitar, a todo custo, ter que lidar com a frustração e com o desamparo. Passa a vida inteira se reposicionando e se reorganizando frente à ameaça inconsciente de abandono, castração e responsabilização pelas atitudes falhas dela mesma. Seu superego, por sua vez, reforça a fantasia de que ela não nasceu para lidar com tais experiências, assim como o superego de todo sujeito de mesma estrutura de personalidade não o ameaça com a experiência da morte, diária e iminente, salvo os casos psicopatológicos.

O fingimento durante o ato sexual também se veste desse mesmo motivo. A simulação de ter atingido o orgasmo serve somente ao propósito inconsciente de não querer ser abandonada, ou percebida como fria e embotada sexualmente. Falhar durante o ato sexual ou assumir não ter chegado ao orgasmo é sinonimamente visto como um sinal de perigo e fraqueza, duas coisas das quais não quer ver diante de si. Ademais, A vontade de manipular para conseguir benefícios e garantias se alicerça na conduta simulada: enfeitiçar o homem pelo coito e gerar, nele, a ideia de que este é "demais", de que só o mesmo consegue "arrancar", dela, suspiros e gemidos, permite ampliar a segurança na própria confiança e na capacidade de conduzir suas vontades pela perspectiva da identificação projetiva, cujo mecanismo fora descrito por Klein (1946/1997). O fingimento é, portanto, um meio de se prender o homem e obter, a partir disso, seguranças futuras, ao mesmo tempo em que traz a sensação de se estar no controle, diferente daquilo que pensa o senso comum, isto é, a de se tratar de uma atitude cultural.

O fingimento também se coaduna com as estratégias antes apontadas acerca das tentativas de se vencer guerras e discussões. Essa característica é, portanto, um excelente meio do qual a mulher consegue realizar suas intenções inconscientes de ser fálica. Afinal, "dobrar" alguém que porta o falo é sinônimo de ser o falo propriamente dito, pois, metaforicamente dizendo, ninguém engana "uma divindade" se não for, também, de mesma natureza sobre-humana. A simulação sexual é, portanto, uma ferramenta utilizada pelo ego para incitar a sensação de se estar além da necessidade corpórea, ou seja, a de se encontrar acima da bestialidade instintiva. O sexo, portanto, não se torna o foco (fim) da mulher na relação amorosa, mas o "meio" com o qual ela consegue gerar, em si, a percepção de estar numa posição acima do homem, visto este ser mais dependente do "coito" do que ela. Doutro modo, gerar a ideia de que consegue usar do sexo sem ser, ao mesmo tempo, dependente dele, coisa que, para ela, o homem o é.

A mulher, no entanto, costuma afirmar o fato do sexo ser, em termos de proporção e importância, algo em torno de 99% da relação. Na verdade, a intenção inconsciente é a de aumentar o terreno do qual ela pode transitar na manipulação perante o gênero masculino. Sabe-se, por outro lado, que o interesse sexual deriva da produção hormonal e, no gênero feminino, o responsável por gerar tal interesse não é produzido em larga escala como o é no sexo correlato. O desejo nela é de ordem mais emocional do que fisiológica. Por isso, nesses casos, a tentativa de afirmar para o parceiro ser o coito coisa muito importante é, na realidade, um modo de se afastar da fraqueza sentida pela falta exorbitante de libido (fenômeno que inexiste no homem pela sua condição orgânica) e pela possibilidade de se ter métodos de testar o envolvimento emocional do mesmo. Explicando de outra forma, a mulher, por saber que o homem gosta de sexo, e disso existem inúmeros fatos que garantem tal percepção, procura, nele, identificar se o interesse por ela existe e se faz presente. Caso não haja vontade do parceiro em realizar o coito, a situação é entendida, por ela, da seguinte maneira: se não há interesse sexual, não há interesse nela e, por conseguinte, impossibilidade de manipulação ou garantias de que a mesma é desejada enquanto ser. E, se a mulher não se sentir desejada, não conseguirá ter segurança o suficiente para compreender o nível de envolvimento emocional do seu parceiro. Sem isso, não há meios de manipulá-lo e nem de se obter garantias contra a ameaça do desamparo e da falta de falo. Dessa maneira, dois desfechos tornam-se possíveis: o primeiro é o completo abandono das intenções manipulatórias e, o segundo, a tentativa de virar o jogo. Se, contudo, a vontade existe e é enunciada, a segurança emocional aparece. Isso permite com que ela tenha condições, mais seguras, de escolher manter a relação ou desistir dela. Por outro lado, se não consegue entender o que se passa, ou seja, se não identifica o intenso desejo ou a falta deste em seu parceiro, tenta alternar-se entre a insinuação e o desprezo, prendendo-se, cada vez mais, ao companheiro, caso não consiga "fechar" uma conclusão.

4.6 AS REDES SOCIAIS

A internet também adquiriu um caráter instrumental. Nos dias de hoje as postagens de fotos e/ou comentários em redes sociais tornaram-se um tipo específico de linguagem inconsciente. Freud, infelizmente, não teve acesso a este recurso denunciante em sua época. A comunicação dos componentes latentes, portanto, materializa-se nos conteúdos referentes às fotos pessoais que, por sua vez, são praticamente idênticos: fazem "biquinho", mostram parte da língua (algumas vezes mordendo a ponta dela), seguram com uma mão um pedaço do cabelo, olham para baixo ou para o lado e dificilmente estão posicionadas com o corpo em posição frontal (na verdade, estão sempre de perfil ou mistura de perfil e frente). As legendas dessas postagens raramente mantêm relação com o conteúdo da imagem. Seria algo refutável, obviamente, não fosse um fenômeno praticamente universal. Por conta dessa semelhança, quase invariável entre elas, responsabilizar o inconsciente pelo método de exposição na foto e pela escolha das palavras que acompanham a tradução da mesma é, empiricamente, elementar. Além disso, muito recorrente é o modo com que milhares de adolescentes, moças e mulheres referenciam suas imagens com comentários dos quais as palavras "gratidão" e "namastê" aparecem.

Os motivos psíquicos que resultam em comportamentos desse tipo derivam-se, basicamente, da vontade de chamar a atenção. Essa intenção, no entanto, ocorre por conta de dois desejos inconscientes, manifestados pelo mecanismo da condensação. O primeiro, e mais lógico, seria o de anular a percepção de que é falha e sem pênis, prostrando-se como objeto fálico e, consequentemente, de desejo. O segundo seria o ligado à tentativa de obtenção do pênis pela perspectiva da sedução que, como explicado anteriormente, simboliza uma das vestimentas da conduta de submissão, apreendidas no período edípico como um meio, esperançoso, de se obter o órgão genital do pai. Nessa linha de pensamento, as roupas, maquiagens, caricaturas e posturas vinculam-se ao disfarçado ímpeto de se colocarem, escopofílicamente, como seres desejantes, ao mesmo tempo em que conseguem mostrar sua capacidade de sedução, capazes de "envenenarem" aqueles que as veem com "tanta beleza, doçura" e, em função da frase sobreposta à imagem, "intelectuais". Contudo, como assumir conscientemente e socialmente tais intenções as violentaria, a manifestação precisa acontecer sobre a perspectiva do disfarce. Além do mais, a legenda sem nexo visa, também, proporcionar, tanto à repressão quanto ao internauta, confusão e impossibilidade de se captar o real motivo do ato em si.

Já as palavras "gratidão e namastê", têm, especificamente, sentidos latentes. Demostrar "gratidão" (por mais que estas estejam vivendo vidas miseráveis) nada tem a ver com aquilo que alguém tenha feito por elas, seja a família ou amigos (as). Pelo contrário, visa promover o afastamento da inveja ligada à figura materna e a referente ao órgão masculino, que tanto a ameaça, inconscientemente, desde a infância. Seria, primeiramente, uma maneira de mostrarem ao exterior a ausência de intenções prejudiciais e de sentimentos não valorizados socialmente e, de forma secundária, a de introjetarem, em si mesmas, o conteúdo que antes havia sido dirigido para fora. Caso existam comentários e curtidas, estes passam a serem tratados como uma legitimação, materializada, do desejo que possuem de se verem limpas e absortas de sentimentos invejosos. Namastê, por sua vez, é um termo que significa saudar o outro, geralmente representado pelo ato de se juntar as palmas das mãos, analogamente ao que o religioso faz no momento da reza/oração. Tal atitude indica a presença de pureza e emanação de "bons fluidos" por aquele que iniciativa a saudação. A realidade, entretanto, revela que esse termo serve ao propósito de representar, simbolicamente, o desejo de se colocar, ao observador, como sendo livre de "imundices" e, dessa maneira, ausente de imperfeições. Evidentemente que tal escolha não está a favor da repressão, mas, sim, do desejo inconsciente de se ver livre de defeitos.

4.7 OS ABUSOS EMOCIONAIS IMPETRADOS AO OBJETO

O abuso emocional vale à pena ser destacado. Refiro-me, no entanto, ao ligado às relações amorosas e/ou afetivas, sejam estas caracterizadas pela presença de vínculo ou não. Como diz Alita (2005, p. 55-56):

> Entre as formas de agressão emocional perpetrada por mulheres contra homens, podemos citar: casar-se e recusar-se a cumprir as obrigações de esposa, mentir, comportar-se deforma a deixar a fidelidade em dúvida, sair e não dar satisfações, dedicar-se mais as amigas e ao trabalho do que ao lar e ao esposo, depreciar o marido na frente dos outros, não permitir que o ex-marido veja os filhos, cometer adultério, viajar sem o marido frequentemente, prometer e recusar sexo, exigir fidelidade sexual do homem, mas recusar-se a satisfazê-lo sexualmente, trocar o companheiro por outras pessoas, simular tentativas de suicídio, paquerar outros homens e negá-lo a despeito das evidências, encher a cabeça do esposo de dúvidas, gastar todo o seu dinheiro com inutilidades, fazer exatamente aquilo que ele não quer para exasperá-lo, repudiá-lo ao ser abraçada, rejeitá-lo como "pegajoso" após ter exigido ou permitido que ele se apaixonasse, induzi-lo a se apaixonar para transformá-lo em um escravo, ser fria e distante, comportar-se de forma dissimulada para confundi-lo, romper com a relação mas comportar-se de forma a dar esperanças de retorno etc.
> Embora tudo isso pareça às mulheres pouca coisa, não é visto assim sob a ótica masculina. Sob a ótica masculina, esse conjunto de infernizações constitui algo grave e realmente origina crises nervosas violentas. Independentemente de gostarmos ou não ou de acharmos que os homens são infantilizados ou não por darem importância a estes aspectos da vida amorosa, o fato é que aquilo que é importante para o homem parece bobagem para a mulher e vice-versa. Ainda assim, ela consegue feri-lo certeiramente nos sentimentos.

De maneira geral, elas reservam, para si, o prazer de menosprezarem e repelir pretendentes, após atrai-los, para, como diz Alita, evitar serem imputadas pela responsabilidade que lhes cabe. Envolvem-se momentaneamente, a fim de verificarem a presença do interesse masculino e, na certeza de tê-los fisgado, adiarem ou renunciarem a relação, o encontro ou o sexo. No entanto, o motivo psíquico para este tipo de motivação debruça-se sobre a vontade de vingança "parricida", bem como de outros objetos dos quais ela tentou utilizar como substituto do genitor e que não logrou êxito.

Esse movimento de sempre procurarem fazer tudo "pelas costas" se relaciona, evidentemente, ao alarme disparado pelo superego, do qual exige, por sua vez, a presença e manifestação da repressão. Para explicar de forma mais clara, há de se considerar, na verdade, duas situações neste trecho. A primeira está ligada ao real desejo de menosprezar qualquer tipo de perfídia masculina, em função da inveja reprimida e, a segunda, vinculada ao seu ardil recurso de mentir, cujo objetivo serve ao propósito de se blindar de possíveis sofrimentos, ao mesmo tempo em que permite satisfazer a vontade inconsciente de vingança e de se livrar de quaisquer desconfianças de seus parceiros. A mulher, portanto, encontra um meio de aniquilar seu genitor nas relações estabelecidas com outros homens. Aquele que cruzar seu caminho, na fase adulta, pagará, portanto, por um preço do qual nunca fez parte da primeira negociação.

4.8 A DESTRUIÇÃO DA MÃE

Existem muitas moças que desejam o sofrimento de alguma outra mulher que tenha sido percebida como alguém mais elevada do que ela (independente de qual seja o campo). No entanto, a distância entre ambas não deve perpassar um limite aceitável e próximo, pois, caso o objeto invejado seja potencialmente superior, em muitos sentidos, a vontade de destruí-la diminui consideravelmente. Nestes casos, quanto maior for o tamanho dessa diferença, a que se destaca passa a servir como referência. Por outro lado, caso a distância seja pequena ou suportável aos ímpetos pessoais a serem realizados em curto prazo, a vontade de aniquilar tornar-se-á possível e desejável. Na prática, a mulher tenta se mostrar melhor do que a rival em todas as áreas. No trabalho, por exemplo, procuraria deteriorar a imagem da colaboradora. Nas relações entre amigas, faria o possível para "manchar a imagem" da pessoa frente ao círculo social. Nas relações amorosas, tentaria tomar o parceiro da mesma só para sentir-se superior à primeira. Tudo, em profundidade, como sendo representantes de desejos caprichosos e sem resultarem, mesmo que realizados, em satisfações plenas, vinculados, em essência, ao desejo de vingança materno.

4.9 O DESEJO DE CONTINUIDADE

Freud foi muito perspicaz quando, na Conferência XXXIII (FREUD, 1932/1996), afirmou ser o desejo de querer ser amada um dos aspectos constituintes da personalidade feminina. Autores como

Alberoni (1986) e Alita (2009) encontraram o mesmo componente em suas observações. A diferença entre eles é, somente, teórica. Enquanto Freud circunscreve essa característica no âmbito da metapsicologia, os autores creditam, principalmente Alita, ao inconsciente o meio de funcionamento e de localização desse conteúdo. Além do mais, nomearam-na de "continuidade do interesse", a fim de perspectivar melhor o que acontece na prática, termo do qual Freud chamou de investimento libidinal.

A mulher busca, inconscientemente, a manutenção do interesse masculino. Mesmo que não haja intenção de ficar com o homem, o que conta é o despertar da vontade e a retroalimentação dela. Caso exista, a satisfação egóica aparece e minimiza dores emocionais ligadas aos relacionamentos fracassados. Se não houver intenção alguma, a situação torna-se um problema para ela. O que decorre são tentativas de reversão dessa circunstância, cada vez mais intensas, até ao ponto em que a certeza pelo interesse tenha surgido. Como o objetivo é somente o de verificar que está sendo amada, se retirará da cena e não mais se insinuará no momento em que realizar seu desejo. Entretanto, se desconfiar que o outro se desinteressou, ou, se desconfia que este simulou interesse, parte para uma nova aproximação. E é exatamente nisto que o problema estabelece sua morada: querer ser desejada e não admitir o contrário, vivendo, constantemente, a mercê desse conflito. Eis uma de suas fraquezas.

A tentativa de buscar e manter a continuidade do interesse só é abandonada se seu objeto recusa-se, frequentemente, a realizar seu desejo. Nas situações em que isso acontece, a angústia aparece e promove a insinuação cíclica e mais intensa por outros homens que possam minimizar seu sofrimento. Cada vez mais, procura um número maior de pretendentes que a cobice. Se conseguir o interesse evidente, adota o mesmo comportamento de "retornar para a concha". A crença é a de que, o afastamento, principalmente se realizado sem explicações e logicidade, mantém o objeto continuamente ligado a ela.

Alberoni e Alita consideraram esse funcionamento relacionado, somente, ao gênero oposto. Extrapolo essa visão para outros tipos de vínculo, seja o familiar, o social, o afetivo e o com pessoas do mesmo gênero. No fim das contas, o intuito maior é o de se verem como Deusas, desejadas por toda a humanidade. Quando não conseguem, sofrem profundamente.

Como nem elas conseguem dizer o motivo real dessa conduta, captar seu componente emocional só se torna possível quando levamos em conta o itinerário de seu desenvolvimento psicológico. Não detalharei novamente os conflitos derivados do Édipo e Castração por já tê-los explicado anteriormente. Acrescento apenas o seguinte. O que as mobiliza é a busca, afinal, foi exatamente o que fizeram desde a remota infância: conseguir, a partir de várias estratégias e recursos, o amor do outro. Esse é um dos principais registros simbólicos do feminino. Estar sempre em movimento cíclico-linear perante o interesse do mundo ao redor.

No entanto, não pude perceber que essa intenção seja dirigida a qualquer um. Na verdade, pessoas fracassadas não são incluídas nesse interesse. Isso mostra que o objeto do qual intentam despertar o desejo de continuidade é o eleito por elas. Ele precisa, portanto, ser sentido como alguém de valor e que tenha alguma característica vista como superior. Caso seja débil, mesmo que a ignore, ainda assim, será visto como sem atrativo algum. O motivo pelo descaso total deleita-se sobre sua percepção inicial acerca do homem. Seu pai, ou substituto, não foram sentidos como alguém sem valor. Se os homens não possuíssem pênis e não gerassem a sensação de que são superiores, tenho certeza de que todo o funcionamento inconsciente da mulher seria muito diferente do que estou escrevendo.

Essa concepção encontra uma série de correspondentes externos. Mulheres de países de primeiro mundo não se interessam por aqueles oriundos de lugares subdesenvolvidos. Muitos relacionamentos terminam quando o homem não encontra trabalho. Algumas cantadas só são toleradas se direcionadas por pessoas de profissão destacada e de poder aquisitivo elevado (pedreiros são, por exemplo, repudiados quando lançam elogios, ao ponto que, executivos, homens bonitos e atléticos, nem tanto. Importante esclarecer que não tenho preconceito nenhum com tipos fisiológicos ou com determinadas profissões, mas, elas, em contrapartida, sim). Dificilmente se apaixonam por preguiçosos sem destaque, sem estudos, honestos, românticos, dependentes, chorões, limitados culturalmente, xucros, etc. Isso só acontece quando não há mais opções, ou, então, se estes pertencem a alguém da qual ela não gosta e, por conta disso, encontram, nesta relação, um modo de manifestar seu desejo de vingança materna, utilizando da situação representativa para atingir esse fim.

Ter um clã de pessoas desejando-a eternamente minimiza o sofrimento passional e inconsciente. Se pudéssemos traduzir, diretamente, o que acontece nesses casos, poderíamos descrevê-los da seguinte maneira: "muitos homens me desejam, pai. Não preciso mais de você para nada. Sou melhor que minha mãe, que não atingiu o número de pessoas me querendo (curtidas e seguidores ajudam muito na manutenção dessa fantasia). Aliás, os que me querem, são melhores do que você, mais bonitos, fortes, destacados e abonados (atualmente, muitos são mais definidos fisicamente pelo fato de a cultura atual valorizar mais a musculação e o cuidado com a alimentação do que no passado). Pode morrer com a minha genitora, pois não me farão falta alguma, nem um, nem outro".

Essa fórmula é exatamente o que a mulher busca realizar, do Édipo ao fim da vida. Acontece que, por uma questão lógica, nunca conseguirá. Mesmo que tenha todo o mundo voltado aos seus pés, jamais se sentirá plenamente satisfeita. A frustração, por ser de domínio inconsciente, ainda assim a acompanhará.

4.10 ESCLARECIMENTOS

Alguns esclarecimentos adicionais se fazem necessários. Todas as concepções apresentadas aqui não podem ser extrapoladas para as mulheres que já superaram suas limitações, identificaram seus conflitos e os transcenderam, mesmo que a "duras penas". A mulher analisada, "psicoterapeutizada", assim como a psicótica, a exclusivamente perversa, ou a que amadureceu a partir das experiências da vida, não se encaixam em algumas das ideias descritas neste livro. O perfil do qual me ocupei, em grande parte, foi o de estrutura neurótica, especificamente histérica e histriônica. Acredito, no entanto, que a maior parte das pessoas do sexo feminino pertença a este tipo de classificação. Por isso, embora seja tentador generalizar estes postulados, devo lembrar que cada caso é único, ainda que encontremos bastantes evidencias em outras formas psíquicas de funcionamento. Ademais, como a presente obra tratou de explanar sobre o inconsciente, esperar material que versasse sobre o lado sublime seria o mesmo que assistir um filme de terror acreditando que, no final dele, a sensação seria a de comoção afetiva. Vale à pena destacar que esse sistema é o anfitrião dos conteúdos desagradáveis ao ego e à consciência, e foram sobre eles que me voltei aqui. Aquele (a) que julgar ser este material uma critica ao funcionamento feminino precisa, novamente, retornar ao capítulo sobre a definição do que é o inconsciente para, a partir disso, entender sua dimensão teórico/prática.

5 - CASOS CLÍNICOS

Nesta parte do livro comunico ao leitor alguns trechos de atendimentos clínicos realizados durante os períodos de 2010 a 2017. Neles, destaco apenas recortes de três casos em função destes revelarem, entre suas expressões atitudinais, o que há de comum entre os postulados apresentados nos capítulos anteriores e o gênero feminino. Também procurei preservar, distorcendo alguns pontos, a identidade das pacientes. Isso significa que alguns dados foram, parcialmente, modificados, visando garantir, ainda mais, a individualidade delas.

5.1 CASO A.

O primeiro caso apresentado é o de A.M. S. A paciente procurou atendimento por conta de sua filha estar apresentando comportamento indesejável na escola. Disse que a menina, de 12 anos de idade, questionava demais as professoras de sua sala. Além disso, suas notas estavam abaixo do esperado e que, ainda, se mostrava "respondona" e "desobediente" no lar. A "gota d'água" ocorreu na ocasião em que a menina foi parar na diretoria. Segundo a mãe, sua filha não obedeceu a docente no momento em que recebeu a orientação de não sair de sua cadeira.

Nas entrevistas com a menina, observou-se que as queixas da mãe eram, na verdade, deslocamentos de suas próprias frustrações e impasses não resolvidos. Isto porque a criança demonstrou ser extremamente inquieta intelectualmente. Ademais, não apresentou, no boletim escolar, nenhuma nota dez, embora, por outro lado, tenha garantido, como nota mais baixa, um conativo oito. No episódio referente à sua visita na direção, a garota comentou ter ido parar lá por conta de não ter, na ocasião, borracha para apagar um trecho de um trabalho que estava fazendo para a disciplina. Solicitou, então, o material emprestado. No momento em que se levantou para pegar o objeto, foi chamada a sua atenção pela professora e, por tentar se justificar, acabou discutindo com sua docente por não ter tido chances de argumentar e apresentar sua defesa. Sobre a desobediência no lar, percebi que a conduta da menina era a de não admitir, mais, ter que presenciar a discussão e brigas constantes entre a mãe e o genitor que, na verdade, aconteciam frequentemente e por anos a fio.

Em termos mais pragmáticos, a menina mantinha boas relações sociais, estudava com frequência em casa, já apresentava seu próprio ponto de vista acerca do mundo e não aceitava ter que presenciar situações de injúria e injustiça, algo muito comum na vida entre a mãe e o pai. Esse ponto, portanto, foi confirmado nas sessões realizadas com a genitora que, por sua vez, tornou-se a paciente do atendimento. No tocante ao episódio da escola, observou-se, na conduta da pré-adolescente, a presença do mecanismo de sublimação, do qual permitia, a ela, descarregar toda a tensão inconsciente acumulada, em situações socialmente aceitas, seus conflitos inconscientes não elaborados.

Na entrevista devolutiva com a mãe, foi perguntado quais os valores médios das notas que a mesma (a mãe) conquistou durante toda sua formação escolar e acadêmica. Além disso, fora questionado que tipo de menina ela gostaria de criar: se uma mais passiva e obediente ou se uma com opinião própria e com condições de se defender sozinha, de maneira independente, diferente do que ela fazia com si mesma perante o marido e o mundo (visto ter eu obtido essa informação na entrevista inicial com ela). Também foi indagada sobre "seu desejo" em relação à filha, isto é, se pretendia obriga-la a vivenciar, de maneira impotente, a violência entre ela e o marido ou se, por outro lado, quisesse que sua "cria" tivesse voz para dizer o quanto tal situação a violentava emocionalmente. As respostas a estas questões, no entanto, denunciaram a contradição entre o que a mãe era, o que queria ser e o que fazia com seus próprios conflitos. De forma direta, a mãe projetava, na menina, a ideia defeituosa que tinha de si, deslocando sua percepção de não ser fálica por não resolver os conflitos com o esposo, exigindo, cada vez mais, perfeição da criança, ao mesmo tempo em que encontrava, na fragilidade do gênero feminino, uma forma de castigar si própria e, mais profundamente, sua mãe (avó da paciente).

Evidentemente que tal afirmação não poderia, somente, ser percebida nas entrevistas com a menina. O atendimento com a mãe revelou serem assertivas as hipóteses levantadas na etapa diagnóstica. As discussões com o marido eram sempre de natureza humilhante, das quais ela saia com a impressão de ter-se abandonado, ter-se traído e de não ter conseguido contornar a situação. De maneira geral, se odiava por ainda estar com ele, por não ganhar as discussões que travava e por não encontrar, na relação, uma oportunidade de se sentir desejada, amada e perseguida.

Os atendimentos subsequentes revelaram uma grande insatisfação dela consigo, ao contrário do que se poderia especular, ser, somente, uma insatisfação na relação com o esposo. Comentou, em uma das sessões, ter atingido a maturidade financeira por conta de seu pai, na infância, ter falado que ela não seria ninguém na vida, e que isto a mobilizou se tornar uma mulher destacada. No entanto, seu marido, que sempre desdenhava de sua companhia, tornou-se, inconscientemente, o pai frustrante do qual ela tanto desejava se vingar. A separação, que nunca acontecia, não poderia se efetivar enquanto a mesma não sentisse que seu parceiro pudesse sofrer pela sua ausência, favorecendo, dessa forma, a vontade que teve, no passado, de ver, na infância, seu pai se percebendo equivocado quanto aos próprios julgamentos em relação a ela, mostrando, dessa maneira, a importância que a sua filha possuía, animicamente, para ele.

Nas sessões posteriores, A. M. S. revelou ter sido abusada, no começo da adolescência, por um vizinho qualquer. Disse que nunca havia comentado nada para ninguém por conta de não entender, na época, o que havia acontecido. Foi informada por ele que, caso dissesse algo para qualquer pessoa, seria agredida violentamente, até a morte. No mesmo relato, mencionou que sua mãe sempre fora a favor de seus irmãos mais velhos, desdenhando, assim como o pai, de sua existência (sua infância, portanto, estava sendo reeditada na figura do marido, cenário do qual, mesmo não sendo revivido com o profissional, pudera ser observado nas relações fora do consultório). Suas amizades sempre foram sentidas, por ela, como as melhores e mais genuínas do bairro. Tratava suas predileções musicais como sendo de bom gosto e seus primeiros namoros como portando uma característica em comum: todos, até a data da ocasião dos atendimentos, sempre a desejaram para um relacionamento extraconjugal, do qual os proponentes garantiriam assumi-la caso esta viesse a se separar do conjugue. Estes, no entanto, não passavam de homens sem valor para a paciente. Isso explicava, por outro lado, o vínculo dela com o pai da sua filha, cuja percepção era a de um homem que "pisoteava" suas opiniões e não se importava com sua presença, mas que, sem "explicação aparente", era alguém que a mantinha "aprisionada".

Na época em que começou a ser atendida, estava findando sua formação em Pedagogia. Seu interesse no curso era o de, desde o princípio, lecionar. Desse ponto, posso esclarecer seu interesse na escolha da profissão. Na adolescência, mencionou ter sido apaixonada por um professor da escola, sentimento este nunca correspondido. Esse fato, no entanto, pode ser explicado à luz de toda explanação defendida aqui: como não pôde ter o objeto de sua paixão para si, desejou, inconscientemente, introjetá-lo em seu ego, não dependendo, dessa forma, do objeto externo, já que, pelo mecanismo empregado, havia agregado esse objeto em si. Por isso, ao invés de ser a menina que pretendeu ter seu professor, resolveu o impasse, diante da frustração circunstancial, sendo o próprio docente. Isso permitiu aliviar a dor de não possuir o objeto investido de libido que, por sua vez, simbolizava, por conta de nunca tê-la escolhido como uma parceira no amor, o pai da infância. Se tornar professora, portanto, significaria ter o pênis em si e, por conta disso, não depender do objeto externo. Freud (1921/1996), ao explicar os motivos psíquicos dos ideais do sujeito, comentou a importância que tem o inconsciente na escolha de uma profissão. Segundo o autor, os elementos reprimidos encontram, também, oportunidade de se manifestarem nas decisões dos destinos profissionais. Nessa linha de raciocínio, o ego havia disposto de um recurso do qual a angustia por se ver castrada e privada pudesse, ilusória e temporariamente, ser superada pela escolha da atividade laboral.

Já na vida adulta, teve a oportunidade de encontrar um de seus namorados de sua época remota. Foi, durante os atendimentos, que mencionou conversar com ele, via whatsapp, com frequência e, no mesmo período, ter ido, com este, ao motel, mais do que algumas vezes.

Nas sessões que procediam aos encontros com o amante, sempre estruturava o discurso inicial apoiando-se na percepção de que tudo havia sido maravilhoso. Falava, com ênfase, do quanto aquelas experiências a deixavam feliz, plena e completa. No entanto, não conseguiu responder às perguntas feitas pelo psicólogo quando indagada do por que não terminava seu atual relacionamento para ficar com o rapaz. Na verdade, dizia que não entendia os motivos pelos quais ainda continuava com seu marido, homem descrito como beberrão, grosseiro e insensível.

Em uma das sessões, mencionou uma briga vivenciada, naquele mesmo dia, com o esposo. Disse, quando questionada acerca do que sentiu, que havia sido "violentada" emocionalmente, cuja sensação de impotência era absurdamente incomoda. Ao ser indagada sobre sua postura na ocasião, comentou não ter feito nada e, exatamente por isso, sentia-se mal. A realidade psíquica mostrava o contrário: sua relação com o marido permitia, também, condensar uma série de desejos infantis não ligados, diretamente, à figura paterna. Um deles sendo o referente ao episódio do ato libidinoso vivido com seu vizinho. Na ocasião do abuso, escondeu, de si mesma, o desejo de ter gostado da situação (já que, no íntimo, desejou ser pelo pai). Como assumir o estupro seria uma violência intolerável ao ego, seu aparelho psíquico determinou a expulsão do afeto prazeroso ao território do inconsciente e, por conta disso, passou a repudiar qualquer circunstância similar ao episódio infantil. No entanto, por conta do marido sempre violenta-la emocionalmente, encontrava, na relação com ele, uma forma de satisfazer uma fantasia proibida: a de se ver vulnerável a uma circunstância repudiada socialmente, isto é, a de ser invadida por alguém (principalmente pelo vizinho, representante do genitor). O adultério, sendo outra elaboração da mesma ordem, também esteve a favor desse desejo de viver algo não permitido socialmente, dada à imposição das leis matrimoniais, mas que representava a mesma vontade inconsciente de fazer o que nunca fora autorizado, isto é, a de receber, do genitor, o presente fálico. Ademais, a de reviver, veladamente, a relação com os objetos substitutos da figura paterna, como o professor e o vizinho (percebidos, todos condensados, na figura do marido).

Noutras ocasiões, comentava sobre as experiências ligadas ao meio acadêmico. Era a representante de sala, se envolvia em reuniões vinculadas às feiras de ciências, à formatura e à participação de alunos nas reuniões de colegiado. Numa das sessões, comentou ter encontrado uma garota de sua antiga sala, em um shopping, e relembrou um episódio do qual mencionou ter ficado incomodada com ela. Disse que, em uma das aulas, seu professor havia convidado a turma toda para participar de um seminário e, por isso, precisaria de uma auxiliar para a organização do evento. Esta colega se pronunciou como candidata ao cargo. O resultado foi praticamente previsível. Lembro-me dela ter falado, na sessão, que, na ocasião, não possuía vontade nenhuma em assumir a função. No entanto, como esta menina se candidatou, sentiu disparar a vontade de fazê-lo.

Falou que, por achar ter sido um desaforo por parte dela, em função dela ser a representante da sala e ter sido ignorada pela colega, levantou a mão de resolveu participar. Em seguida ao exposto, disse que já desconfiava do que o psicólogo poderia falar sobre esse assunto: que sua parte infantil havia se manifestado e controlado sua parte mais racional, mas que ela já tinha percebido tal característica e que eu não precisaria perder meu tempo falando algo a respeito. Seu ímpeto foi o de, na verdade, controlar o que estaria por vir. A intervenção foi a que segue.

"Seu medo de perceber a verdade acerca de si mesma faz com que você se mobilize, de tal forma, a ter que tentar conter qualquer intervenção de minha parte. Isto porque sente que qualquer fala minha é, na verdade, uma grande ameaça ao seu bem estar. Por isso, quando traz algum episódio sobre sua vida, arma-se com o fim de evitar ataques externos, dos quais sente que eu poderia ser o mandante e responsável. Por outro lado, a intenção de dizer que já sabia o que eu poderia comentar repousa sobre sua a vontade de não escutar nada, visto o pavor de se perceber inconveniente, imatura, dependente de alguém e tratada como a preterida da situação se impor como um grande fantasma à sua zona de conforto, da qual você sempre se retroalimenta quando percebe que não é a queridinha das pessoas, quando nota que alguém pode escolher outro ser humano ao invés de você, quando percebe ser uma pessoa comum. Isso por que notar que é uma mulher normal a faz sentir asco de si mesma, sensação esta tão evitada por você desde que notou não ser a preferida pelo seu genitor acerca de sua mãe e irmãos. É como se tivesse vivido a vida toda fugindo da possibilidade de se perceber uma desgraça, defeituosa e sem valor. Por conta disso, tenta provar, para si, para mim, e para as relações com o mundo, que é cheia de qualidades e isenta de problemas e defeitos. Por isso procurou atendimento clínico dizendo que todo seu sofrimento estava sendo causado pela sua filha, e não pelo seu marido, homem do qual você não admite rejeitá-la. Isto por conta de, caso fosse mais madura, ter que dar conta de sua limitação enquanto mulher. Contudo, a única pessoa que tem se limitado, a vida toda, por precaução de se ver imperfeita, é você. Daí tenta provar, não para os outros, somente, mas, prioritariamente, para si própria, o contrário: meu marido é falho, minha filha é falha, meus colegas de sala não dão conta de satisfazer meu professor etc., correndo do fato de sentir, no íntimo, que você não deu conta de satisfazer seu pai, mais tarde seu docente e, atualmente, seu esposo. Tudo gira, portanto, no seu pavor de se ver incompetente, sem preço e crédito. Por isso procura mostrar aos sete bilhões de pessoas, inclusive eu, o quanto é valorosa e divina. No entanto, percebo que, no fim das contas, a única pessoa que sofre com isso é você. Até porque seu marido, seu professor e seu pai não estavam interessados no fato de você ser, de maneira inquestionável, esplêndida, mas, pelo contrário, só você mesma".

Depois dessa intervenção, uma sucessão de choros e soluços se sucedeu. Isso, por sua vez, promoveu uma mudança atitudinal na forma com a qual ela reagia frente ao mundo, como se ela tivesse percebido que o problema era ela e, mais profundamente, que o problema que ela criou era, na verdade, o grande problema. Isso permitiu com que ela entendesse o lugar que o marido ocupava para si, o que fazia com a filha, porque era exigente e, principalmente, por que ainda sofria perante os mesmos motivos. Seu atendimento foi encerrado meses depois, período no qual havia se separado do marido, assumido a educação de sua filha e deixado de se atormentar por situações nas quais não se percebia como sendo a predileta.

5.2 CASO M.

O segundo caso foi o atendido no período de Janeiro à Outubro de 2013. Trata-se de M. Z. P., solteira, mãe de dois filhos: W., do sexo masculino e J., adolescente do sexo feminino. Procurou atendimento por conta de se achar depressiva. Na primeira sessão, comentou estar se sentindo insatisfeita com o trabalho, com as escolhas pessoais dos filhos e com o atual namorado. Não tinha vontade de sair, de ir trabalhar ou de visitar os familiares. Achava, no entanto, que a causa responsável pela sua patologia era, primariamente, o trabalho, já que seu chefe a assediava moralmente, dentre outras atitudes desagradáveis, tais como o desprezo, a indiferença pelo esforço dela e por ele ter, segundo a paciente, crises de humor constantes. Ora se mostrava educado e cordial, ora grosseiro e impulsivo. Sua reação frente ao funcionamento volátil de seu superior era penosa, visto acompanhar, internamente, o mesmo estado emocional dele. Caso este estivesse de bom humor, sentia-se mais à vontade para realizar seu trabalho. Caso contrário, se desorganizava, do mesmo modo.

Sobre sua história de vida, disse que não conheceu seus pais biológicos em função de terem falecido em um acidente de trânsito, quando bebê. Na ocasião, estava com a avó materna. Por conta disso, fora educada pelo tio e pela mãe de sua genitora, ambos chamados de pais pela paciente. Disse ser muito apegada a eles, desde que se conhece por gente. Sua relação com o tio, no entanto, sempre foi intensa: vivia com medo dele por conta de ser bravo e indiferente. Entretanto, ocasionalmente, a levava para comprar doces e ir ao parque, momentos dos quais se sentia confusa e feliz. Sua avó, por outro lado, era vista como o oposto do homem, pois se mostrava muito paciente e extremamente afetiva. Entretanto, ao falar dela, revelava pouco interesse e comoção emocional.

Casou-se duas vezes, tendo um filho de cada relacionamento. Sobre seus dois maridos, comentou que ambos eram rudes e grossos, mas que, o segundo, era parecido com um "cavalo". Brigavam muito e, no final do relacionamento, chegou a violenta-la sexualmente.

Como era assistente social, conseguiu emprego em um CAPES. Seu supervisor, à revelia de sua vontade, era estúpido e explosivo. Gritava com toda a equipe em dias ocasionais, gerando, nela, um enorme receio de ser chamada para qualquer tipo de conversa, ainda que profissional. A propósito, em todo atendimento que resgatava o assunto deste primeiro trabalho, fazia questão de garantir o "nojo e pavor" que sentia por seu superior. Do mesmo modo, teve, em seu segundo e atual emprego, um superior parcial, "estúpido" e sem limites. Chamava as funcionárias para sair e tinha a fama de ignorá-las depois dos encontros. Dizia ter asco, repulsa e ódio deste homem, já que, de acordo com seu relato, tentou violentá-la sexualmente, na primeira oportunidade em que ficaram sozinhos. Sobre seu namorado, costumava queixar-se dele por não priorizá-la em eventos casuais ou em programas de fins de semana.

Ao longo das sessões, ficou claro ao psicoterapeuta o fato de que todos os homens que cruzaram sua vida mantinham, entre si, algo em comum, isto é, o de sempre serem indiferentes, ameaçadores e/ou desprezíveis para ela. Além do mais, todos a pisotearam nos sentimentos e opiniões. O ultimo, por sua vez, era visto como o ser mais intragável de todos.

Não fora à toa que ela tenha repetido, em toda sua vida, a revivescência de relações com os mesmos tipos de homens. Como seu tio assumiu a função da figura paterna e era, segundo a própria paciente, distante e indiferente, mas, ao mesmo tempo, alguém que a premiava com "doces e prazeres lúdicos", seu desejo de possuí-lo tornou-se o cerne de todo o seu funcionamento mental. Pode-se dizer, também, que registrou, na infância, a percepção de que o homem portador do falo era aquele que tinha as características de seu personagem paterno, tais como a distância e a premiação ocasional. Isso fez com que ela passasse a procurar, inconscientemente, no restante das etapas cronológicas ulteriores, alguém similar ao tio. O chefe, por exemplo, era sentido como a principal causa de sua depressão. Numa das sessões, confessou querer ser valorizada, por ele, pelo seu esforço, e ser, por isso, promovida a outro cargo.

A desconstrução do disfarce inconsciente foi realizada, neste caso, sem muitas dificuldades. Seu superior era, evidentemente, uma representação de seu tio, pois, ao mesmo tempo em que era visto como o único que poderia promovê-la (como o tio, na infância, que a presenteava com doces e passeios), o era também como uma pessoa cruel e inatingível (assim como seu familiar agia ocasionalmente). Esperar de seu chefe a promoção pelo seu trabalho era como esperar de seu tio que a levasse para fazer traquinagens no parque, "adoçar" seus desejos e valorizá-la como sendo a merecedora desse prêmio. Além disso, o desejo de ser promovida a outro cargo relacionava-se, diretamente, à sua intenção de ser elevada, pelo tio, a outro nível, isto é, a de uma menina sem valor para àquela insubstituível, merecedora de seu interesse, desejo e atenção. Assim como seu tio, que ora era rude, ora amável, seu chefe, também, era muito volátil: ora um "doce", por conta de sua alternância de humor, ora bravo e frustrador. Ademais, encontrava, nessa situação, uma forma de colocar em prática as fantasias de sedução desenvolvidas na infância, explicadas no capítulo anterior, pois, na medida em que se mostrava obediente, passiva e "boa funcionária", sentia, por conta disso, a esperança de ser, em algum momento, promovida.

Em relação aos casamentos, fora identificado o papel que cada um assumiu no cenário psíquico de M. Z. P. O que a paciente desejava era encontrar substitutos para seu representante paterno. Como nenhum deles a presenteou, a tal ponto de deixá-la plenamente satisfeita, a separação tornou-se a única solução possível. Mesmo que colocasse, inconscientemente, ambos como substitutos de seu tio, seu superego, por sua vez, a cobrava constantemente, exigindo dela que procurasse relações mais sadias e menos conflitivas. Isso foi decisivo para terminar a relação com o primeiro, mas, não suficiente para superar o desejo de ter alguém igual ao tio e fazê-la aceitar o casamento com o segundo. Seu outro esposo era, de acordo com seu relato, mais cruel do que o primeiro (fato que revelou ser a manifestação do desejo inconsciente mais forte do que os motivos do superego). Ter sido violentada por ele permitiu, ao psicólogo, entender o porquê não havia denunciado a tentativa de estupro de seu chefe.

Como a ideia que construiu de seu tio era a de ser uma pessoa má, o único homem que poderia ter um papel importante para ela seria alguém com tal característica. Pelo fato de seu primeiro marido ter falhado em se manter alternante nas funções homem bom, homem mau, o segundo, sendo mais cruel, poderia, inconscientemente, realizar bem essa função. Por isso, escolheu relacionar-se com alguém cujo polo da crueldade pudesse, também, conviver, ao mesmo tempo, com o da bondade. Obviamente que nenhuma relação sobrevive, no início, apenas com desprezo e indiferença. Pelo contrário, a mescla de afeição, se presente, garante, principalmente nesse caso, a ressuscitação das fantasias inconscientes. No começo da relação, a paciente comentou que seu ex-companheiro a presenteava com flores e bilhetinhos, comportamento apresentado de maneira menos frequente com o passar do tempo.

A fatalidade da violência sexual, no entanto, fora sentida, por sua vez, como uma experiência há muito desejada, ou seja, a da entrega sexual, anímica, ao próprio tio. Pelo fato de ter, ali, realizado um motivo parcial do inconsciente, sua passividade frente ao segundo ato ligado à tentativa de estupro, vivido com seu chefe, pôde, portanto, revelar suas profundas intenções psíquicas. Experimentar uma nova situação "traumática" foi, naquela época, a única circunstância que permitiu reviver seu desejo infantil. Daí ela não conseguir explicar o fato pelo qual não ter procurado a justiça. E isso é muito simples: não o fez porque encontrou uma maneira de realizar, disfarçadamente, suas motivações mais profundas.

Seu principal conflito era, portanto, o fantasmagórico pavor de viver o abandono ocasional, efetivado por alguma figura masculina, aliado ao fenômeno de se ver preferida nas relações com homens, mas sentir-se, sempre, a preterida. Tudo, no entanto, derivava-se de suas primeiras experiências de vida, tidas como imponentes no registro de seu funcionamento psíquico. Falando de outra maneira, a relação com os homens, de maneira geral, além dos contatos com suas respectivas funções sociais, gerava, nela, sentimentos dúbios e aterrorizantes. Costumava, por outro lado, ter mais dificuldades de falar do tio e da avó por conta de estar percebendo-os como pertencentes ao estágio final da vida. Encontrava-se num momento crítico, em que se via obrigada a cuidar de ambos, já que, tanto uma quanto o outro dependiam de seus cuidados "assistenciais" para conseguirem prolongar seus dias, o que explicou, também, a escolha de sua profissão.

Lembro-me que, na segunda sessão, comentou estar bastante preocupada com o estado de saúde do tio, visto ele fumar em demasia. Temia, por conta disso, sua morte. Sua avó, por outro lado, sempre fora sentida como uma "velhinha", cuja idade gerava, na paciente, a sensação de que, a qualquer momento, esta poderia morrer. Afirmou, no mesmo dia, querer, desde menina, "cuidar" de seus responsáveis. Esse desejo refletiu e influenciou seu interesse em escolher o Serviço Social como forma de trabalho.

O termo "assistente" simbolizava, de acordo com as associações da paciente, sua intenção primordial de não perder seus objetos de amor, mais especificamente o tio, familiar do qual ela mais mantinha preocupação. Na verdade, cuidar do tio não possuía somente o propósito de mantê-lo vivo, mas, também, o de mostrar, a ele, o mérito que tinha para merecer sua consideração (seu falo).

Sobre suas experiências ligadas ao caso de estupro e o de sua tentativa feita pelo chefe, há de se destacar outro ponto. Por mais que a paciente revelasse indignação com o marido e com seu superior, escondia, por outro lado, sua moção pulsional, manifesta de maneira imperceptível à repressão. Na ocasião do ocorrido com o ex, comentou estar, naquele dia, muito irritada com o descaso dele. Por conta disso, resolveu provoca-lo usando minissaia e blusa top. A finalidade (consciente) era a de ignorá-lo no momento em que este demonstrasse qualquer manifestação do desejo sexual. Com o chefe, confessou, na sessão, que tentara trata-lo de igual para igual, desde o primeiro momento em que se sentiu ameaçada pela sua rudeza. Para isso, procurava, toda vez que este passava pela sua sala, fita-lo nos olhos com a intenção de mostrar-se firme. No dia da cena, decidiu revelar sua capacidade e competência fazendo mais do que devia: levou café para sua mesa, informou o horário dele ir almoçar, antecipou os relatórios de atendimento e, durante todo o expediente, agiu de maneira efusivamente cordial. Disse para o psicoterapeuta, no entanto, que seu objetivo era o de gerar a sensação de que possuía atributos que ninguém mais tinha (ser única, merecedora e a escolhida), a fim de, segundo ela, "livrar-se de sua grosseria".

Os motivos inconscientes eram, essencialmente, de outra ordem. Seu comportamento exemplar ocultava o desejo de se deitar com ele, bem como as encaradas escopofílicas, que se prestaram ao mesmo ímpeto. Ademais, a vontade de se colocar de igual para igual repousava no objetivo de estar no mesmo nível do gênero masculino, isto é, a de ser portadora de um falo e ser isenta de qualquer sensação de inferioridade. A rudeza de seu superior, no entanto, era o ideal atrativo para a paciente dirigir suas intenções inconscientes e senti-lo similar ao tio. Tal componente psíquico também fora, posteriormente, observado na sessão, pois, na medida em que passei a interpretar e desvelar seus objetivos psíquicos ocultos, a paciente, por sua vez, começou a adotar uma conduta mais sedutora: chegava aos atendimentos com roupas curtas, toda maquiada, usava de tons vocais mais leves e, quando ia de saia, cruzava a perna frequentemente, sempre atenta, nesses momentos, ao olhar do profissional, mantendo, durante o restante do tempo, seu olhar em outras direções. Todas essas manifestações perderam, contudo, seu sentido, visto tê-lo denunciadas na medida em que surgiam no setting clínico.

De maneira geral, M. Z. P. desejava ter o falo para si, teatralizava a tal ponto de acreditar na própria encenação e, principalmente, não admitia se perceber inferior ao gênero masculino. Por esses motivos, fazia questão de criticar o namorado, pois, mesmo não havendo motivos plausíveis para se insatisfazer com ele, encontrava, doutro modo, maneiras de considerar o quanto este "deixava a desejar" enquanto companheiro (assim como todos os homens que cruzaram seu trajeto). O parceiro, no entanto, não gerava ameaça ao ego, não era grosso como os outros e, principalmente, não tinha o humor volátil como o chefe, nem o comportamento o dúbio do tio. Por isso, mal falava dele nos atendimentos (assim como dos filhos) e, quando o mencionava, o fazia apenas para diminuí-lo enquanto ser.

5.3 CASO V.

O terceiro caso se refere à V.N.S., uma paciente que havia se recuperado, meses antes do inicio dos atendimentos, de um câncer de mama. Suas sessões foram realizadas durante o período de março de 2014 à Janeiro de 2016. As queixas da paciente eram as de não estar satisfeita com a vida, sentir-se vazia e, principalmente, infeliz com as relações entre ela e sua filha e entre ela e o marido.

Sobre sua história de vida, comentou não ter tido boas relações com a mãe. Segundo a paciente, sua genitora nunca a defendia quando o pai a agredia sem motivos. Julgava sê-la uma pessoa passiva e mostrava-se inconformada com sua falta de atitude. Em relação ao pai, mencionou se tratar de um homem reservado, distante e "linha dura". No entanto, toda vez que falava dele o fazia com intensa carga afetiva, diferente da primeira, que a apresentava de forma praticamente embotada e sem afetos.

Trabalhou a vida inteira como prestadora de serviços domésticos, em diversas casas, embora seu último e atual emprego tenha sido em uma metalúrgica. Disse que trocou de serviço porque estava cansada de ter que limpar a casa dos outros e, também, a própria. Estava realizando atividades diferentes, com pessoas distintas e com relações sociais mais frequentes, o que não ocorria no emprego anterior.

Casou-se muito nova, com aproximadamente 17 anos, tendo, deste relacionamento, uma menina que, na época, tinha 21 e um menino com cinco. Seu marido, de acordo com o relato, era um homem paciente, bom, e mal se intrometia nas discussões entre ela e a filha. Segundo V., tudo estava bom para ele, mesmo que ela dissesse estar irritada com algo. Seu câncer surgiu em meados de 2012, momento em que se submeteu à quimioterapia e a tratamentos com nutricionista e grupos de apoio.

O conteúdo dos atendimentos iniciais giraram todos em torno das discussões com a filha. Comentou que já haviam se agredido, mais do que uma vez, fisicamente. Sobre estas situações, afirmava, com satisfação, ensinar uma "boa lição" para a menina, visto conseguir, em todas às vezes, arrancar tufos de cabelo dela. Os motivos das brigas eram todos por conta da garota não estar "nem aí" para as responsabilidades da vida. De acordo com a paciente, sua filha só queria sair, arrumar o cabelo, maquiar-se, pensar em balada e em amigos. Não percebia o interesse dela em encontrar um emprego ou estudar. Falou também que ela, por ser muito bonita, tinha vários pretendentes, fato que a irritava ainda mais, pois estes costumavam aparecer na porta de sua casa para chamar a menina e conversar com ela.

Assim que as queixas referentes à filha foram esgotadas, V. começou a falar de seu esposo. Afirmou que ele não se preocupava genuinamente com ela, dava mais importância à sua menina, sempre a defendendo quando ambas discutiam, além de considera-lo um verdadeiro "banana". Dizia querer se separar dele e ser feliz, mas não tinha coragem de fazê-lo por conta de ter aprendido com seu pai um monte de coisas, sendo, uma delas, a importância do casamento. Na opinião de seu genitor, "mulher que casa deve respeitar o marido e jamais ser impertinente, desobediente e grosseira".

No decorrer das sessões, comentou estar gostando do novo emprego em função das pessoas elogiarem seu cabelo, sua atitude social receptiva e seu trabalho. Complementou, em um desses encontros, que um rapaz de sua repartição estava "dando em cima" dela. A chamava para sair, dizia que ela era uma das funcionárias mais bonitas da empresa e que, caso ela aceitasse o convite, jamais se arrependeria de ter ido com ele.

Na ocasião em que apresentou esta experiência, V. falou com entusiasmo e sorrisos, demonstrando bastante interesse. No entanto, quando questionada sobre o que faria a respeito, afirmou não tentar dar-se oportunidade por saber que, caso viesse a aceita-lo, materializaria algo muito errado, do qual iria em desencontro de seus valores fundamentais. Por isso, preferia recolher-se em seu quarto, principalmente quando se via sozinha, para dar-se a liberdade de fantasiar como tal situação aconteceria. No final das contas, acabou cedendo ao convite, mas, por conta do rapaz nunca mais procura-la, não tocou nesse assunto nas sessões posteriores.

Sua angústia derivava-se, no entanto, de dois componentes inconscientes: o desamparo e a vontade de se ver, na posse do falo, como uma mulher de valor, melhor do que suas rivais e mais desejada do que elas pelos homens. Nos atendimentos, pouco falou do período em que teve de tratar a patologia. Privilegiava mais as sensações biográficas de sofrimento emocional do que a orgânica e cancerígena. Tanto que chorava, em todo atendimento, ao tratar do assunto. Por outro lado estava sempre bem arrumada, maquiada e perfumada, alternando, em cada sessão, da postura "coitadinha" para a decidida a resolver problemas rotineiros, principalmente os que envolviam a filha. Essa alternância de papéis evidenciava os ganhos secundários que adotava em uma ou outra postura, pois, quando era a vítima, sabia que seu marido se preocuparia e arrumaria toda a casa e, quando era a decidida, amedrontava-o como uma mãe que dá broncas em um filho, segundo relato dela própria.

O fato de sempre apresentar a palavra "cabelo" nas sessões evidenciou o quanto essa parte do corpo representava sua própria feminilidade. Segundo Van Kolck (1984), nos desenhos da figura humana, o cabelo comumente simboliza a ideia inconsciente acerca da sexualidade. Aliado a esse sentido, estava o prazer da paciente em retirar os "tufos de cabelo" de sua filha, toda vez que discutiam. Ocorre que, por trás dessa atitude, repousava a vontade dela exaurir toda a feminilidade da filha por sê-la, sempre, defendida pelo pai. Além disso, considerava a menina extremamente bonita. Para o aparelho psíquico, as brigas de família atuais não passavam de um meio em que os conflitos edípicos encontravam modalidades de expressão.

Seus atendimentos só cessaram quando a paciente percebeu que a chata de todas as situações era ela mesma. A partir do momento em que se notou vitima, invejosa e manipuladora, seu comportamento alterou-se substancialmente. Tolerava mais a filha, buscava sinceridade no trato com si e começou a perceber o esposo como um homem nobre.

Embora essas três apresentações clínicas revelem um pouco sobre as concepções apontadas no capítulo anterior, elas, por outro lado, não permitiriam a descrição de todas as concepções defendidas no presente livro. Para isso, seria fundamental expor um número considerável de casos, os quais tornariam a leitura muito densa e cansativa.

6 - CONSIDERAÇÕES FINAIS

O inconsciente feminino não é como pensa o senso comum, ou como acreditou Freud, ser um "bicho de sete cabeças". Até mesmo os registros bíblicos consideraram a mulher como sendo um ser ardil e sublime, confuso e indecifrável. No entanto, esse mistério, alimentado ao longo dos séculos, não passou de uma fábula fantasmagórica, alocada no inconsciente das pessoas, similar ao mal que faria tomar manga misturada com leite. Na medida em que os avanços científicos e clínicos foram se sofisticando, muitos mitos passaram a ser derrubados, ainda que, supersticiosamente, figurassem na mente dos seres humanos. Conhecer o feminino é, analogamente, algo similar à compreensão do masculino. Embora não seja simples, não o é, por outro lado, um fenômeno impossível. Na verdade, o que os caracteriza e os diferencia são suas complementaridades e inversões: o homem e a mulher possuem inconscientes opostos, ao mesmo tempo em que mantêm características constitucionais em comum. Contudo, a apropriação do funcionamento da segunda precisou da ignorância perante as lendas, tais como "ninguém entende as mulheres", "manuais para compreendê-las precisam ser mais volumosos do que os pergaminhos da Grécia ou os numerosos escritos do Testamento", "a quantidade de páginas e descrições devem ser maiores do que o mais denso dicionário", etc., já que são, todos, argumentos falaciosos e refutáveis.

A verdade é que o núcleo do inconsciente da mulher mantém uma série de conteúdos, uns mais traumáticos do que outros, assim como o do homem. Ocorre que, sua distinção, comparada ao sexo correlato, está no fato de o material ser de natureza e manifestação diferentes. Enquanto que o medo de perder o trono e o poder volta-se ao masculino, o fantasma de não atingir e conquistar a glória, bem como o lugar de destaque, assombra o feminino. Basta assistirmos a série 'Game of Thrones' que encontraremos uma atual representação do que digo aqui. Além disso, a falta de lógica e clareza na conduta feminina, mais especificamente no que tange à expressão de suas emoções, mantém uma coerência compreensível, desde que caracterizemo-la na perspectiva do inconsciente. A questão reside na *linguagem* utilizada por esse sistema, visto sê-la a responsável por definir a especificidade desse gênero. A aparente inexistência de bom senso é, na realidade, mais um recurso à blindagem emocional, cujo intuito é o de evitar sofrimento, do que a percepção que se tem sobre sê-lo um componente de desorganização afetiva. Na prática, as discussões de relacionamento, o retorno às situações conflitivas nas brigas entre o casal, a dissimulação, o fingimento de desentendimento, dentre inúmeras outras representações são, na verdade, mecanismos defensivos bem elaborados.

Já os componentes traumáticos mais aterrorizantes, cuja força é propulsora do comportamento em si, não são inúmeros como se supôs culturalmente. Os principais pavores são os de não se ver amparada, desejada e amada. Alita (2005) estava certo quando considerou estes anelos como sendo mais intensos entre as mulheres. E é certo que todos eles derivam-se das experiências castrativas e edípicas.

Durante todos estes anos, estudando e atendendo-as, pude confirmar, também, a dificuldade que muitas pacientes tem de aceitarem a inveja que sentem, a sede de vingança que possuem e, principalmente, a vontade de se entregarem a alguém idealizado, capaz de colocar limites e orientá-las adequadamente. Ainda que as queixas sejam diferentes, as vidas destoadas e os problemas incompatíveis entre si, todas se derivam, exatamente, destes seis aspectos inconscientes: ser amparada, desejada, amada, esconder de si a inveja, a vontade de vingança e de buscar, constantemente, viver a loucura da paixão. Sem exceção, qualquer mulher neurótica enquadra-se em, pelo menos, quatro dessas categorias. O conflito inconsciente estará, portanto, em boa parte desses fatores. Tudo se resume a eles. Se o sofrimento reside no termino de um relacionamento, nos problemas financeiros, no desemprego, nos impasses com alguém da família, etc., ainda assim, o núcleo será um dos apontados acima.

Existem ocasiões em que se observa mais do que um fator atuando de maneira inconsciente. Cabe ao clínico, portanto, identificar aquele que, na sessão, é o menos enunciado. Visto sê-lo mais profundo do que o manifesto, deve iniciar sua intervenção por ele. Isso porque a natureza da mulher não escapa aos meandros do processo evolutivo. Sua configuração caracteriza-se pela relação especular estabelecida entre suas fantasias e o mundo que a cerca. Disso nascem, na infância, as forças (as seis apontadas antes) que a manipularão, caso não sejam identificadas e conhecidas, até o fim de sua existência. Daí a importância de se conhecê-la em profundidade e saber, pela filogênese da neurose, que a vida psíquica feminina repousa e é governada por estes denominadores comuns. São estas considerações que aqui apresentei as responsáveis por esclarecer quais pontos constituem a atual clínica do feminino.

7 - REFERÊNCIAS

ADLER, A. (1917). **La compensation psychique de l'etat d'inferiorite des organes suivi de le problème de l'homosexualité** (H. Schaffer, Trad.). Paris: Payot, 1956.

ALBERONI, F. **O erotismo**: fantasias e realidades do amor e da sedução (Élia E., trad.). São Paulo: Círculo do Livro, 1986.

ALITA, N. **Como lidar com mulheres.** Edição virtual independente, 2005a.

ALITA, N. **O Profano Feminino**: Considerações sobre uma Face da Mulher que ninguém quer Encarar. Edição virtual independente, 2005b.

ALITA, N. **A Guerra da Paixão**: As Artimanhas e os Truques Ardilosos das Mulheres no Amor. Edição virtual independente, 2005c.

ALITA, N. **Reflexões masculinas sobre a mulher e o amor – algumas heresias que faltaram dizer**. Edição virtual independente, 2008a.

ALITA, N. **Textos Complementares**. Edição virtual independente, 2008b.

ALITA, N. **Textos Complementares II**. Edição virtual independente, 2009.

BÍBLIA. Gênesis. **A Bíblia sagrada**: antigo e novo testamento. Tradução de João Ferreira de Almeida. Brasília: Sociedade Bíblica do Brasil, 1969. p. 4-5.

BÍBLIA. Timóteo. **A Bíblia sagrada**: antigo e novo testamento. Tradução de João Ferreira de Almeida. Brasília: Sociedade Bíblica do Brasil, 1969. p. 326.

BÍBLIA. Pedro. **A Bíblia sagrada**: antigo e novo testamento. Tradução de João Ferreira de Almeida. Brasília: Sociedade Bíblica do Brasil, 1969. p. 362.

BÍBLIA. Reis. **A Bíblia sagrada**: antigo e novo testamento. Tradução de João Ferreira de Almeida. Brasília: Sociedade Bíblica do Brasil, 1969. p. 501-502.

BÍBLIA. Provérbios. **A Bíblia sagrada**: antigo e novo testamento. Tradução de João Ferreira de Almeida. Brasília: Sociedade Bíblica do Brasil, 1969. p. 868-891.

BÍBLIA. Eclesiastes. **A Bíblia sagrada**: antigo e novo testamento. Tradução de João Ferreira de Almeida. Brasília: Sociedade Bíblica do Brasil, 1969. p. 898-899.

FREUD, S. (1888). **Histeria.** Trad. Sob a direção de Jayme Salomão. Rio de Janeiro: Imago, 1996 (Edição Standard Brasileira das Obras Psicológicas Completas de Sigmund Freud).

______. (1893). **Comunicação Preliminar.** Trad. Sob a direção de Jayme Salomão. Rio de Janeiro: Imago, 1996 (Edição Standard Brasileira das Obras Psicológicas Completas de Sigmund Freud).

______. (1895). **Estudos sobre Histeria.** Trad. Sob a direção de Jayme Salomão. Rio de Janeiro: Imago, 1996 (Edição Standard Brasileira das Obras Psicológicas Completas de Sigmund Freud).

______. (1900). **A Interpretação dos Sonhos**. Trad. Sob a direção de Jayme Salomão. Rio de Janeiro: Imago, 1996 (Edição Standard Brasileira das Obras Psicológicas Completas de Sigmund Freud).

______. (1901). **Sobre a Psicopatologia da vida cotidiana.** Trad. Sob a direção de Jayme Salomão. Rio de Janeiro: Imago, 1996 (Edição Standard Brasileira das Obras Psicológicas Completas de Sigmund Freud).

______. (1905a). **Três ensaios sobre a teoria da sexualidade.** Trad. Sob a direção de Jayme Salomão. Rio de Janeiro: Imago, 1996 (Edição Standard Brasileira das Obras Psicológicas Completas de Sigmund Freud).

______. (1905b). **Fragmento da análise de um caso de Histeria**. Trad. Sob a direção de Jayme Salomão. Rio de Janeiro: Imago, 1996 (Edição Standard Brasileira das Obras Psicológicas Completas de Sigmund Freud).

______. (1910). **Leonardo Da Vinci e uma lembrança de sua infância.** Trad. Sob a direção de Jayme Salomão. Rio de Janeiro: Imago, 1996 (Edição Standard Brasileira das Obras Psicológicas Completas de Sigmund Freud).

________. (1911). **Grande é Diana dos Efésios.** Trad. Sob a direção de Jayme Salomão. Rio de Janeiro: Imago, 1996 (Edição Standard Brasileira das Obras Psicológicas Completas de Sigmund Freud).

________. (1914). **Sobre o narcisismo**: uma introdução. Trad. Sob a direção de Jayme Salomão. Rio de Janeiro: Imago, 1996 (Edição Standard Brasileira das Obras Psicológicas Completas de Sigmund Freud).

________. (1918). **O Tabu da virgindade.** Trad. Sob a direção de Jayme Salomão. Rio de Janeiro: Imago, 1996 (Edição Standard Brasileira das Obras Psicológicas Completas de Sigmund Freud).

________. (1920a). **A psicogênese de um caso de homossexualismo na mulher.** Trad. Sob a direção de Jayme Salomão. Rio de Janeiro: Imago, 1996 (Edição Standard Brasileira das Obras Psicológicas Completas de Sigmund Freud).

________. (1920b). **Além do princípio do prazer.** Trad. Sob a direção de Jayme Salomão. Rio de Janeiro: Imago, 1996 (Edição Standard Brasileira das Obras Psicológicas Completas de Sigmund Freud).

________. (1923). **Organização genital infantil.** Trad. Sob a direção de Jayme Salomão. Rio de Janeiro: Imago, 1996 (Edição Standard Brasileira das Obras Psicológicas Completas de Sigmund Freud).

______. (1924). **A dissolução do complexo de Édipo.** Trad. Sob a direção de Jayme Salomão. Rio de Janeiro: Imago, 1996 (Edição Standard Brasileira das Obras Psicológicas Completas de Sigmund Freud).

______. (1925). **Algumas consequências psíquicas sobre as diferenças anatômicas entre os sexos.** Trad. Sob a direção de Jayme Salomão. Rio de Janeiro: Imago, 1996 (Edição Standard Brasileira das Obras Psicológicas Completas de Sigmund Freud).

______. (1926). **Inibições, sintomas e ansiedade**. Trad. Sob a direção de Jayme Salomão. Rio de Janeiro: Imago, 1996 (Edição Standard Brasileira das Obras Psicológicas Completas de Sigmund Freud).

______. (1931). **Sexualidade feminina.** Trad. Sob a direção de Jayme Salomão. Rio de Janeiro: Imago, 1996 (Edição Standard Brasileira das Obras Psicológicas Completas de Sigmund Freud).

______. (1932). **Conferência XXXIII** - Feminilidade. Trad. Sob a direção de Jayme Salomão. Rio de Janeiro: Imago, 1996 (Edição Standard Brasileira das Obras Psicológicas Completas de Sigmund Freud).

GILLIGAN, C. Remaping the moral domain: new images of self and relationship. In: GILLIGAN, C.; WARD, J. V.; TAYLOR, J. M. C.

L. (orgs.). **The Moral domain.** Havard: Harvard University Press, 1988. p.3-20.

KLEIN, M. (1927). Simpósio sobre a análise de uma criança. In: ______. **Contribuições à Psicanálise**. Rio de Janeiro: Imago, 1997.

______. (1928). Os estágios iniciais sobre o conflito edipiano. In: ______. **Amor, ódio e reparação e outros trabalhos**. Rio de Janeiro: Imago, 1997.

______. (1932). Os efeitos das situações de ansiedade arcaicas sobre o desenvolvimento sexual da menina. In: ______. **A Psicanálise de crianças**. Rio de Janeiro: Imago, 1997.

______. (1945). O complexo de Édipo à luz das ansiedades arcaicas. In: ______. **Amor, ódio e reparação e outros trabalhos**. Rio de Janeiro: Imago, 1997.

______. (1946). Notas sobre alguns mecanismos esquizóides. In: ______. **Inveja e gratidão e outros trabalhos**. Rio de Janeiro: Imago, 1997.

LACAN, J. (1953). O simbólico, o imaginário e o real. In: **Nomes-do-pai**. Rio de Janeiro: Jorge Zahar Ed., 2005.

______. (1958). Juventude de Gide ou a letra e o desejo. In: **Escritos**. Rio de Janeiro: Jorge Zahar Ed., 1998.

MANNONI, M.. **Elas não sabem o que dizem**: Virginia Woolf, as mulheres e a psicanálise (Transmissão da Psicanálise). Rio de Janeiro: Jorge Zahar Ed., 1999.

MCDOUGALL, J. Eve's reflection: on the homosexual components of female sexuality. In: **Between analyst and patient**: New dimensions in countertransference and transference, H. Meyers (ed.) Hillsdale, NJ: The Analytic Press, 1986.

______. The analyst woman and the analysand woman. In: **Between analyst and patient**: New dimensions in countertransference and transference, H. Meyers (ed.) Hillsdale, NJ: The Analytic Press, 1986.

MEZAN, R. **Freud:** a trama dos conceitos. São Paulo: Editora Perspectivas, 1987.

MITCHELL, J. **Psicanálise da sexualidade feminina**. Rio de Janeiro: Campus, 1988.

ROUDINESCO, E. **A família em desordem**. Rio de Janeiro: Zahar, 2003.

SCHOPENHAUER, A. **A Arte de Lidar com as Mulheres** (Eurides, A. de S., trad.). São Paulo: Martins Fontes, 2004.

WINNICOTT, D. D. A. (1967). Delinquência como sinal de esperança. Vivendo de modo criativo, In: **Tudo começa em casa**. Trad. de Paulo Sandler. São Paulo: Martins Fontes, 1996.